HISTOIRE

D'UN NOM

PAR

PIERRE POURQUERY

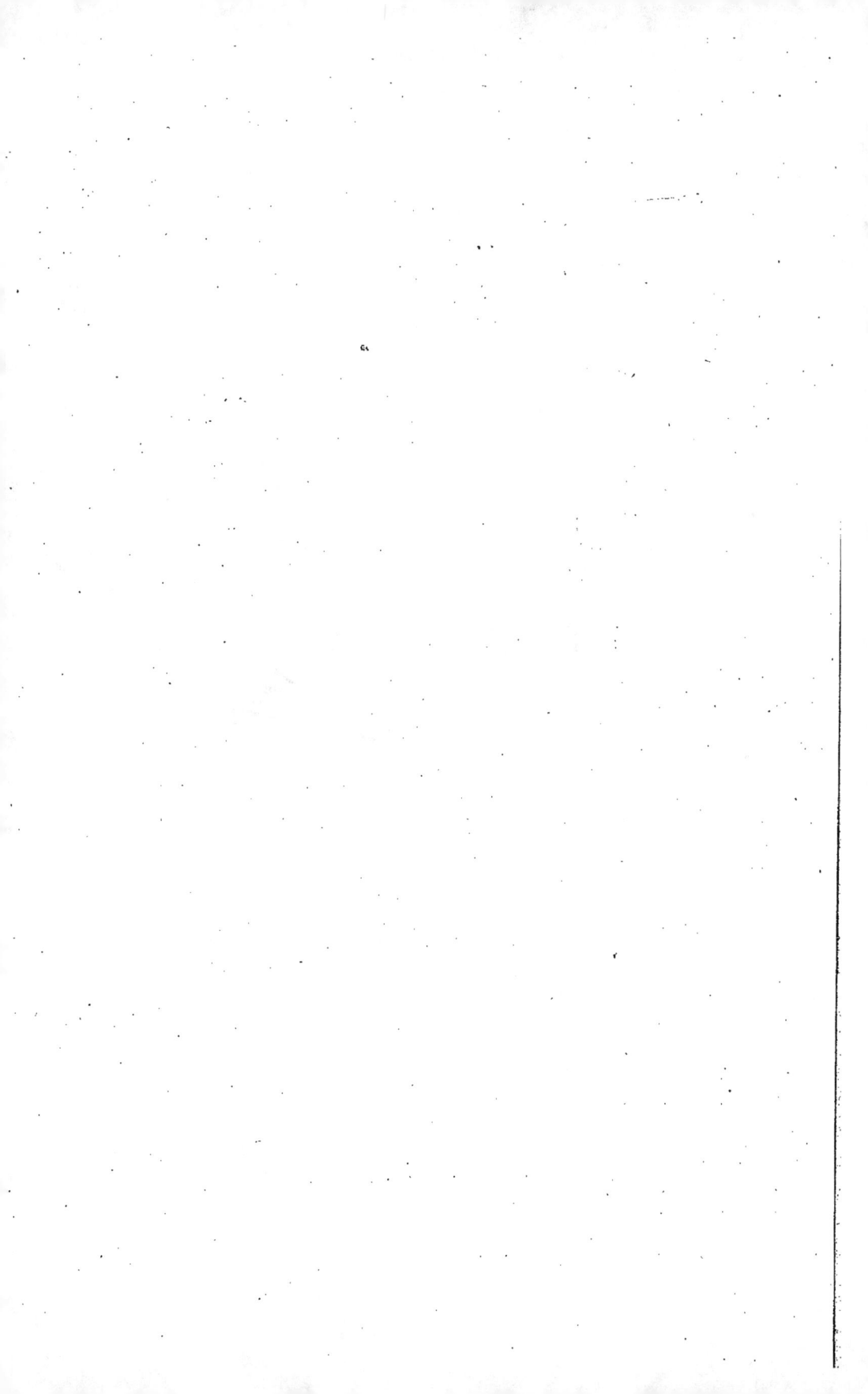

HISTOIRE D'UN NOM

REPRODUCTION INTERDITE

HISTOIRE D'UN NOM

RECHERCHES HISTORIQUES ET BIOGRAPHIQUES

SUR LES

PORQUERES, PORQUERIS, POURQUERYS

PAR

PIERRE POURQUERY

Médaillé militaire
Chevalier de la Légion d'honneur
Capitaine en retraite

« Tous les peuples ont écrit leur histoire
« quand ils ont pu écrire. »

« VOLTAIRE. »

ANGOULÊME

IMPRIMERIE ROUSSAUD

3, Rue Tison d'Argence, 3

1887

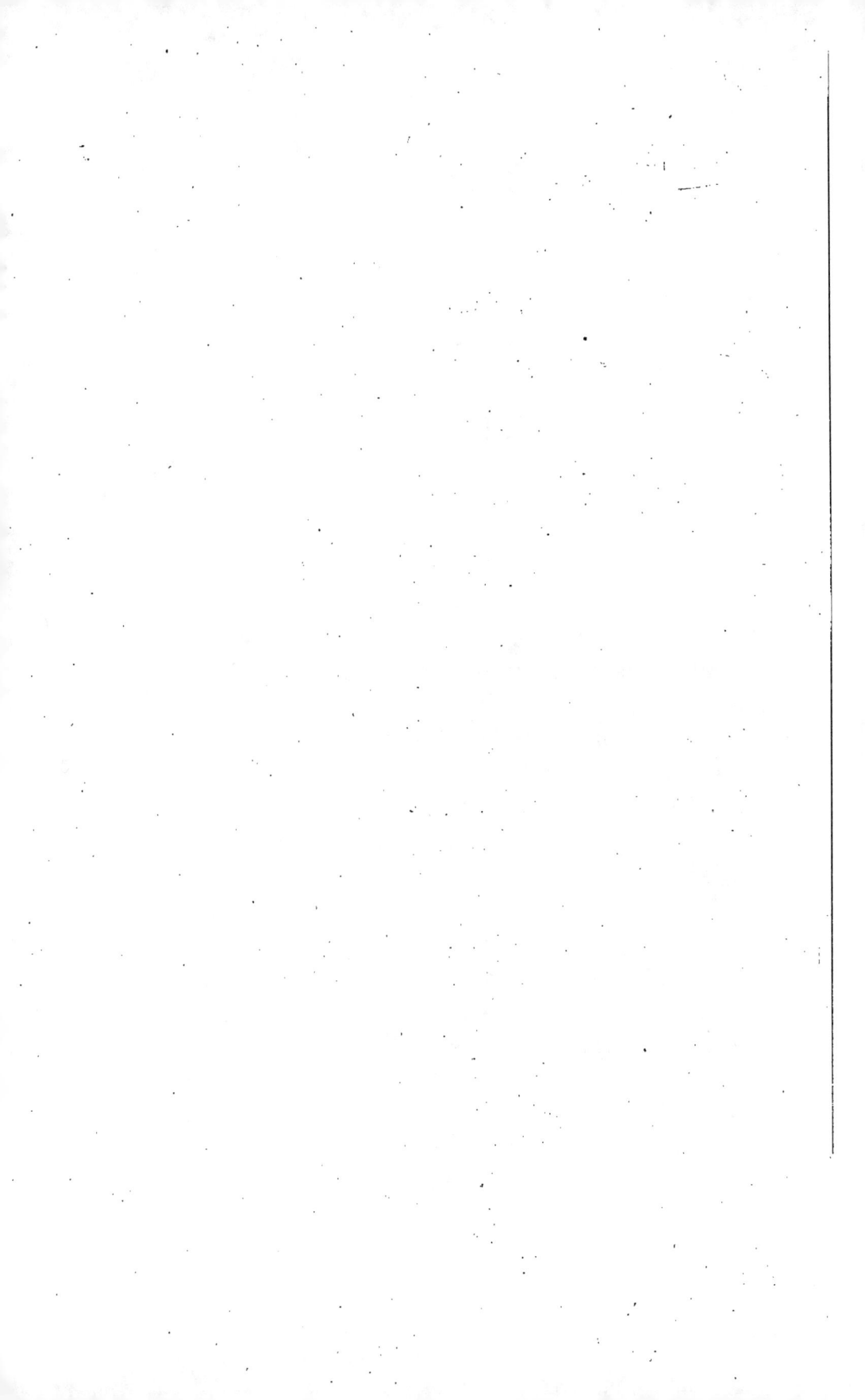

PRÉFACE

Maintenant que le « AMHRA » des Gaulois est oublié ; que les cris de guerre : « *Dieu le veut* » et « *Mont-joie-Saint-Denis* » ne sont plus ; que les commandements de : « *En avant ! En avant !* » n'ont plus le même retentissement que jadis et tendent à être remplacés par : « *Affaires !* *Affaires !* »

Maintenant que Guerriers et Preux quittent les sommets de l'histoire, poussés par les Preux du million, financiers, industriels ou commerçants qui doivent forcément les remplacer. Qu'il soit permis, en dehors de toute opinion, de dire à ces nouveaux favorisés de la fortune changeante, qu'ils doivent leur éclat passager, peut-être à la succession forcée des événements ou du progrès, et que demain, la roue tournant, cet éclat pâlira, et que tels qui se trouvaient en haut de cette roue, suivront son mouvement et reviendront forcément au point d'où ils sont partis.

Je veux dire que le militarisme reviendra en honneur sous une autre forme, sans doute, mais, il reviendra : Qui veut posséder doit savoir et pouvoir défendre.

Les Preux du million devenus militaires formeront une véritable aristocratie capitaliste, et leurs richesses, accrues par l'intelligence, leur donneront la puissance, puissance réelle dont ils se serviront, croyons-nous, avec plus de génie vrai que ne l'a fait l'ancienne et trop orgueilleuse noblesse.

Qu'il me soit donc permis de donner un dernier souvenir à un vieux qualificatif, devenu nom de famille, qui fut puissant au temps des Egyptiens, craint et respecté par les Gaulois et Gallo-Romains, et qui, sous les Francs et Français servit de pilier pour maintenir l'ancienne noblesse gauloise et former celle des Frankens, qui, n'en ayant pas, furent très heureux de prendre et continuer celle des nobles Gaulois et Gallo-Romains.

Ce qualificatif se trouve sur les papyrus et ostracas démotiques découverts à Thèbes en 1821 et gravé en caractères saillants sur nombreux monuments dont l'antiquité remonte à plusieurs siècles avant notre ère, comme il se trouve écrit sur les monuments gaulois, romains, gallo-romains et francs.

Mon but est complètement désintéressé, heureux je serai si la bienveillance peut me venir en aide. D'ailleurs, je n'ignore point qu'il faut plus de travail que d'esprit, plus d'habitude que de génie pour mener à bonne fin cette petite tâche que je me suis imposée comme passe-temps et que je crois pouvoir exposer, eu égard à mes voyages en Algérie, en Egypte, dans les Indes, en Cochinchine et en Europe.

Il m'a été impossible de ne pas retracer, plus que rapidement, les principaux événements qui se sont succédé dans les Gaules avant et après l'invasion des Romains jusqu'à l'établissement de la féodalité.

Ces faits généraux paraissent avoir peu d'analogie avec le titre de ce travail ; cependant ils en ont intimement. J'ai dû les mentionner, car leur développement rentre peu à peu dans le sujet que je traite. Sur une histoire particulière, doit se refléter l'histoire générale, qui ne se présente qu'en seconde ligne, et pour l'explication indispensable des grands événements.

Aurai-je la bonne fortune d'être agréable aux Porqueres, Porqueris, Pourquerys, auxquels je m'adresse de prime abord, et aux vieux Por'Kris, Posquieres et Pourqueyrys en leur rappelant que de nos jours leurs familles, quoique peu nombreuses, comptent au moins en France :

1 Officier de la Légion d'honneur ;
4 Chevaliers   idem ;
4 Médaillés militaires ;
1 Officier de l'Instruction publique ;
1 Officier d'Académie.

Et dans l'armée française actuelle, dans la marine, ainsi que dans les armées d'Europe et d'Amérique, de nombreux officiers de terre et de mer : seuls et véritables titres de noblesse du XIXᵉ siècle et des siècles futurs, titres qui sont aujourd'hui, comme jadis, les seuls parchemins qui ne soient pas discutables et qui puissent aller de pair avec la vieille noblesse que les Porqueres, Porqueris et Pourquerys, possèdent depuis plus de dix siècles.

PIERRE POURQUERY.

Angoulême, 7 septembre 1887.

CELTES OU GAULOIS

CELTES OU GAULOIS.

Ce serait une erreur de penser que la Gaule ait
été exactement divisée en deux races : la race des
Francs, formant la noblesse, et celle des Gaulois
ou Gallo-Romains, composant le peuple.

Il y avait, avant l'apparition des Francs dans
la Gaule-Chevelue, des guerriers Gaulois et Gallo-
Romains, des institutions religieuses et politiques,
et des Nobles plus nobles que les Germains
pillards ; il y avait également des poètes, des ar-
tistes, ainsi que de vaillants guerriers, lorsque
Rome vieille et lâche l'abandonna.

« Les seigneurs Gaulois, dit Diodore de Sicile
(contemporain de J. César et d'Auguste), ne gar-
dent que la moustache et, lorsqu'ils mangent, les
aliments s'y embarrassent, et, lorsqu'ils boivent,
la boisson y passe comme à travers un filtre. Les
Gaulois sont toujours propres et soignés. Chez

eux, et surtout en Aquitaine, on ne trouvera
jamais ce qu'on rencontre si souvent ailleurs :
des hommes ou des femmes sales et déguenillés. »

Ces seigneurs gaulois ne perdirent nullement
leurs droits et privilèges ; c'est à peine même si
les vieux seigneurs s'aperçurent du mouvement
vertigineux qui jetait une partie de la Gaule vers
Rome. Leur sang comme leur idiome resta gaulois. Ils conservèrent, et possèdent encore de nos
jours, leurs titres, et cela parce que la forme du
gouvernement la plus répandue chez les Gaulois
était la forme aristocratique ou mieux féodale,
tandis que, d'autre part, il s'en faut que les deux
à trois mille Francs qui ont envahi Lutèce vers
le ve siècle, avec l'aide du christianisme, soient
devenus des seigneurs, parce que la forme du
gouvernement la plus répandue chez ces barbares était la force brutale, ou le droit du plus
fort.

De nos jours, les familles gauloises sont si nombreuses qu'elles comprennent presque tous les
noms portés en France, tandis que les noms germains ou francs sont si rares qu'ils existent à
peine. A ce sujet, il est très intéressant de compulser les armoriaux ainsi que les histoires
des Provinces : on n'y trouve en général que
des noms gaulois terminés par des suffixes
latins ou tels qu'ils s'écrivaient avant la domination romaine.

Les Frankens n'ont rien laissé dans notre
Gaule, rien, si ce n'est un semblant de nom sous

une forme quelconque. Jamais le sang des Frankens ne s'est versé dans l'artère gauloise, parce
que les Frankens étaient presque inconnus et
qu'ils désignaient des sauvages marchant la
torche à la main.

Les rois Francs devinrent puissants à Lutèce,
puis dans la Marne, l'Aisne et l'Oise. Peu à peu
ils conquirent.

Les familles de guerriers ou de serviteurs
tiraient leur origine d'un peu partout, tandis que
les nombreuses familles gauloises des cités et des
campagnes tiraient leur origine de la vieille et
glorieuse souche gauloise, laquelle souche, malheureusement, se disputait dans les villes l'influence, y devenait une cause incessante de
trouble et d'agitation : les rivalités des familles,
entretenues par le christianisme naissant et les
envahisseurs, hâtaient la ruine des Gaulois et
Gallo-Romains.

Ce furent ces funestes divisions dont les Francs
Ripuaires et Saliens, au nombre de trois à quatre
mille alors, surent profiter, qui leur livrèrent
notre patrie, la Gaule-Chevelue, qui comptait au
moins dix millions d'habitants.

Si les guerriers francs devaient en tirer des
motifs d'orgueil à l'égard des Gaulois, ces derniers devaient de leur côté éprouver une invin-
cible tendance à ressaisir la primitive indépendance de leurs pères.

Les Gaules et Gaulois, en s'affranchissant
progressivement des derniers vestiges des Ger-

mains, ne se sont pas seulement délivrés de leurs
institutions barbares, mais bien de leurs souvenirs
odieux.

Quoi de plus naturel ? — Les races n'héritent-
elles pas des races ascendantes? Mais, on peut
objecter que ces races ascendantes sont nombreuses et si variées pour notre vieille Gaule-
Chevelue, notre France actuelle, si souvent envahie, qu'elles peuvent être considérées comme
représentant l'Europe entière. Eh bien ! c'est une
erreur ainsi que nous allons le voir.

On croit généralement que les *Atlantes* ou
Atlands (du celte *At* premier, et *land* terre) ont été
les premiers habitants de la Gaule et qu'ils furent
désignés par les premiers envahisseurs, les Aryas
(fils de Japhet) par Gals, mais d'après André
Favin, avocat au parlement en 1612, le mot *Gals*
ou *Gallus* est proprement syriaque et chaldéen et
signifie : « *homme exposé sur les eaux.* »

Ce grand peuple, primitivement répandu dans
une partie de la Gaule, au midi de la Loire, aurait
été refoulé par les Aryas devenus Celtes, Ibères
ou Gaulois à leur tour, jusqu'au-delà de la Garonne, puis, jusqu'au-delà des Pyrénées où ils
auraient formé les Ibères d'Espanie ainsi que
l'Ibérie Asiatique et plus tard les Celtibères ou
Gaulois du midi et de l'est de notre Gaule et du
nord de l'Italie actuelle.

Les Aryas, qui prirent les noms « *Gallia, Galli,
Celtes* ou *Celtibères,* » et qui se confondirent avec
la race primitive de la Gallia, étaient, disent les

historiens, de haute stature, à la chevelure
longue et blonde, aux yeux bleus mais cruels et
froids ; tandis que les peuples primitifs de la
Gaule, les Atlantes, étaient, disent ces mêmes historiens, de taille moyenne, mais bien propor-
tionnés, aux cheveux bruns, aux yeux noirs et
vifs, généreux et hospitaliers.

Comme tels sont encore les indigènes du midi
de la France.

De nouveau, nous pouvons affirmer que les
races héritent des races ascendantes et que, après
plusieurs générations, la race primitive finit par
dominer ou absorber parce qu'elle tient davan-
tage du sol même, du climat, des végétaux, des
aliments de toute sorte. Par cela même, les lois
de la nature tendent inévitablement et forcément
à ramener sans cesse au type moyen, puis au type
primitif.

Chaque être procède ainsi à la fois de ses
parents, de sa race, et, en dernier lieu, du terroir.
A ce sujet, Onésime Reclus, dans son ouvrage :
La Terre à vol d'oiseau, 1886 (Amérique, pag. 616.
— Mélange des rouges et des pâles), dit :

« Quoiqu'il en soit, Blanc de toute origine,
« Indien de langage castillan, d'idiome lusitanien
« ou de langue autochthone, Noirs du Brésil ou
« de la terre espagnole, Métis à tous les degrés,
« ce monde bariolé croît avec vigueur sur
« son commun héritage, le plus beau de la terre.
« Quel sera son avenir ? Les amis des Américains-

2

« Latins espèrent que leur race unira les vertus
« des trois humanités dont elle procède, l'audace
« du Blanc, sa profondeur d'esprit, son amour de
« l'idéal, la santé, la gaîté du Nègre, la patience
« de l'Indien. Il se peut, mais les causes incon-
« nues qui firent jadis l'animal du Nouveau-
« Monde inférieur à la bête d'Afrique ou d'Asie,
« et son homme inférieur à l'homme d'Europe,
« ont-elles cessé d'exercer leur occulte empire ?
« L'Amérique du Sud, celle même du Nord, peu-
« vent-elles garder intact ou améliorer ce qu'elles
« n'avaient encore pu créer en 1492 ?. . . . . . .

« Les Etats-Unis sont un pays déjà « Vieux »
« avec villes énormes, et çà et là l'encombrement,
« le prolétariat, la misère, les grèves, l'industrie
« effrénée, les souffrances sans nom. Ils abusent
« du tout, de leur sol, de leurs forêts, qui furent
« splendides, de leurs mines de tous métaux, des
« Européens, d'eux-mêmes ; ils ont trop spéculé
« sur toute leur richesse. Leur âge d'or est der-
« rière eux. »

« Chez nous, disent-ils, Dieu ne se serait pas
reposé le septième jour. »

A quelles causes attribuer le caractère des
Américains si ce n'est aux climats, aux terroirs
si variés qui, bien que tempérés ne sont pas ceux
de l'Europe. « Déjà les Américains, venus du mélange de toutes les nations de l'Europe, se distinguent actuellement, dit Onésime Reclus, des
Européens par une foule de caractères : maigreur

et sécheresse du corps, longueur des os, étroïtesse de la face et du front, nervosité, folle activité, hâte impatiente, voix nassonante, dents tombant de bonne heure et infécondité des familles vraiment yankees fixées sur le sol depuis deux cent cinquante ans. »

On peut croire que, si les conquérants des Amériques, durant les xvᵉ, xviᵉ et xviiᵉ siècles, n'avaient fait disparaître honteusement des millions d'êtres humains ou, pour mieux dire, presque tous les braves et généreux Indiens, les Américains de nos jours auraient dans les artères plus de sang des Chipawis, des Katakas, des Sioux, des Camanches, des Zacatakas, des Guagivas, des Manaos, des Tocahumas, des Baccahyris, des Chapiltas, etc., etc.; que les Amériques ignoreraient une décrépitude prématurée, et que le Nègre, auquel on prédisait une ruine rapide, serait moins solide que l'Américain et l'Européen tandis qu'il semble être appelé à posséder tout le Nouveau-Monde d'après les dernières statistiques.

Un statisticien s'est ingénié récemment dans le « *Journal nature* » à calculer le nombre d'ancêtres que chaque représentant de l'espèce humaine peut se flatter de posséder.

Une simple addition démontre que, tout être vivant ayant eu :

Un père et une mère. 2
Quatre grands-parents. 4
Huit bisaïeuls. 8
Seize trisaïeuls . . . . 16 etc.

On peut, en poursuivant la série, évaluer le nombre de ses ascendants à deux siècles en arrière à 112
Si l'on remonte à trois siècles, à . .   1,992
    —   à quatre siècles, à.   31,912
    —   à cinq siècles, à . .   511,792
    —   à six siècles, à . . .   8,188,672
    —   à sept siècles, à . . 32,654,688

On voit qu'au bout de trois ou quatre siècles toutes les familles sédentaires d'une même localité ont à peu près nécessairement des ancêtres communs.

La même règle s'étend, à l'expiration de sept à huit siècles, à tous les citoyens d'un pays comme la France, et cela nonobstant les unions consanguines nombreuses qui ont dû fatalement se produire. Un raisonnement analogue montrerait qu'en douze ou quinze siècles il doit en être de même de deux races contiguës, et par conséquent de tous les habitants d'un continent comme l'Europe ; en quinze à vingt siècles, ou même moins, de toutes les races humaines non séparées par des barrières infranchissables.

S'il est donc absolument vrai de dire que tous les blancs sont frères, il l'est bien plus de croire que tous les Porqueres, Porqueris, Pourquerys, sont de la même et grande souche, celtique ou gauloise par le sang, ainsi que les Indiens des Amériques qui, au xvᵉ siècle, se chiffraient par plus de 100,000,000 ; et que les Nègres, qui à cette époque ne figuraient que par quelques centaines, comptent de nos jours plus de 15,000,000 de Noirs, non compris les Métis, malgré les cruautés d'usage.

De nos jours, que voyons-nous dans les Gaules ? Des races plutôt brunes que châtaines, plutôt châtaines que blondes, plutôt généreuses qu'égoïstes, à l'œil vif et intelligent ; tandis qu'en Allemagne, en Angleterre, nous trouvons des races à la chevelure blonde, rougeâtre, et rarement brune, plutôt égoïstes que généreuses, à l'œil vitreux et terne. Et, chose digne de remarque, en France, en Espagne, en Italie, race Latine, une personne à la chevelure asbeste est presque une exception et prête plus ou moins à la critique. De là, sans doute, l'expression triviale : « Il est méchant comme un âne rouge. » Mais, en Angleterre, en Allemagne et dans le Nord de l'Europe, une personne à la chevelure brune n'est pas mieux traitée. Ce qui prouve que la physiologie fait pour nous, de la Patrie, une seconde Mère.

Oui, nous sommes le même peuple, la même race malgré nous. Nous avons changé de nom, il est vrai, nous nous appelons France au lieu de Gaule ; malgré ce nom d'emprunt, légué par nos moindres ancêtres, la langue ainsi que le caractère gaulois nous sont restés. Le sang des Frankens n'a pas eu de part à la vitalité de la race : ses quelques gouttes se sont perdues dans le généreux sang gaulois, comme celles des

Yankees se perdront dans le sang des Indiens Américains.

Les Frankens, eu égard à leur petit nombre, ne purent laisser que peu de traces dans les Gaules; ainsi que les Romains, ils s'y noyèrent. De nos jours, c'est à peine si nous trouvons quelques mots germains qui datent des invasions, malgré ce qu'ont écrit nos braves étymologistes, qui, soit dit en passant, ont tout embrouillé, et nos braves grammairiens et grammatistes n'ont fait que des chinoiseries de notre orthographe.

Entre les Germains pillards, les soldats des Césars et les guerriers gaulois, je n'hésite pas à prendre parti pour ces derniers, parce que je crois descendre de ceux qui, laborieux et patients, remuaient la terre dans les murs d'Alésia. Mais des barbares Francs, des Frankens, je ne le crois pas!...

Les Frankens ne furent jamais nobles dans leurs actes; ils ne furent que d'atroces barbares. Ils ne devinrent policés que par le contact des familles gauloises, et si l'un d'eux devint noble ou chevalier, il le dut au sang gaulois qui, progressivement, après plusieurs générations, s'infiltra dans ses veines.

De nos jours les Germains ou Francs sont aussi barbares qu'autrefois. Nous pouvons, croyons-nous, en juger par le fait suivant :

Nous lisons dans tous les journaux français, année 1887 :

« DES REVENANTS DE 1870-1871. »

« La petite commune de Léguillac-de-Lanche,
« canton de Saint-Astier (Dordogne), vient d'être
« mise en émoi par l'arrivée inattendue de quatre
« anciens combattants de 1870.

« Ces malheureux hommes, prisonniers de
« guerre, avaient été compromis dans une tenta-
« tive d'évasion et condamnés pour ce fait à quinze
« années de forteresse chacun. Depuis 1871, ils
« n'avaient pu écrire en France.

« On juge de la joie de leurs parents.

« Il paraît que l'un d'eux, garde mobile de la
« Dordogne, fait prisonnier sous Orléans, était
« marié. Le croyant mort, même d'après les
« documents du ministre de la guerre, sa femme
« s'était remariée. »

Un fait semblable se serait-il produit en
France ? Non. Il est certain que les Allemands
condamnés à une peine quelconque pour tentative
d'évasion n'auraient pas été tenus si froidement
et si longuement dans nos prisons. Ils eussent été
hâtivement graciés pour avoir fait preuve de
courage.

Qui osera, nous nous le demandons, se dire
issu des Germains. A celui-là, nous pouvons lui
tourner le dos, parce que nous aurons devant
nous un ignorant ou une personne qui mettra la

noblesse là où elle n'existe pas et où elle n'a jamais existé.

L'affaire de Pagny-sur-Moselle, du mois d'avril 1887, doit rester pour nous une triste preuve de la façon d'agir des descendants des Germains. Ils sont restés ce qu'ils étaient il y a bien des siècles. Ils resteront toujours ce qu'ils sont, parce que, ainsi que le dit Camille Flammarion : « ..... Nous sommes tous des morts ressuscités, fabriqués de la poussière de nos ancêtres. »

La valeur probable des invasions, après un certain nombre de générations, est égale à zéro, eu égard au sol, au climat, à la nourriture, aux us et coutumes, et même aux traditions qui font naître nombreuses modifications, lesquelles se continuent de génération en génération et se transmettent par voie d'hérédité.

Et cela est tellement vrai, qu'un Nègre, par exemple, épousant une blonde Européenne et restant en Europe avec sa famille, aura des mulâtres qui, après quelques générations, seront bruns, châtains et même blonds.

En sens inverse, une blonde Européenne épousant un Nègre et restant, ainsi que leurs enfants, dans le pays des Nègres, la progéniture, après plusieurs générations, n'aura rien conservé de la race blanche. Le phénomène a été maintes fois constaté au Takour ou Soudan, en Guinée, au Congo et autres contrées de l'immense continent Africain.

C'est pour cette raison probante que les Francs

n'ont rien laissé dans les Gaules, rien, si ce n'est ruines et dévastations ! « Rien, disait Château-briant, si ce n'est le fer et la barbarie. »

Contrairement, les Romains nous avaient laissé une langue greco-latine, entée sur la celtique ou gauloise, et une civilisation malheureusement corrompue.

Juste ciel ! les Gaulois nous eussent laissé mieux à coup sûr : courage, force et énergie qui eussent suffi pour combattre, pour vaincre et chasser les Frankens.

Tels sont les Berbères, ce peuple primitif du Nord de l'Afrique, venus antiquement (712 ans av. J.-C.), croit-on, de la Scandinavie par la Gaule, l'Ibérie et les Colonnes d'Hercule, et qui peuplent encore les montagnes de l'Atlas, du Maroc à la Tunisie. A ce sujet, je surprends un mot étrange, qui pour la première fois en France vient frapper notre oreille, et qui nous vient tout récemment de la Scandinavie, demain il aura en Province son droit de cité comme il l'a déjà à Paris, parce qu'il sera populaire. Je veux parler du *Dansk,* produit norvégien, le beurre qui peut être comparé à celui d'Isigny. Eh bien, les Ber-bères ou Kabyles du Nord de l'Afrique désignent le beurre qu'ils conservent dans des vases par le même mot. Il est certain que ce mot n'est pas le seul qui rappelle l'origine des Berbères. Dans l'intérieur de l'Afrique, le Berbère cultive les oasis et domine en maître ou en pirate le grand désert saharien, douze fois plus grand que notre

France, où il forme la fameuse nation des Touâregs qui, seule, conserve l'usage de l'Alphabet perdu partout ailleurs. C'est là que, plus tard sans doute, nous pourrons retrouver les preuves des courses de gens de guerre qui, fuyant les mers glaciales, sont allés progressivement s'étioler dans les grands déserts du Sahara, le pays aux mirages, suivant, obéissant instinctivement au déplacement lent du grand axe de l'orbite de la terre, qui fait le tour de son plan en 21,000 ans pour peut-être revenir au Groenland (pays vert) dans des siècles à venir.

Ce grand peuple, fait pour être maître, fut maîtrisé parce que, comme son frère le Gaulois, il s'est consumé en guerres fratricides ; il a sacrifié au dieu de la haine la moitié de lui-même.

Néanmoins, les Berbères ont conservé en grande partie leur religion primitive ainsi que leur Tomachok, idiome qui se distingue par ses deux T qui se placent l'un au commencement, l'autre à la fin des substantifs : Ticket, Tiglit, Temellouhat, Tequerryt, etc., ainsi que par l'emploi des voyelles, contrairement à la langue arabe qui fait abus des gutturales *g, k, q,* qu'elle reproduit par *grh — khr — quer,* qu'il vous est, cher lecteur, réellement impossible de reproduire, à moins d'un long séjour en Afrique.

Malgré le joug des Romains, des Vandales, des Byzantins, des Arabes, et enfin des Français, ces Berbères sont, d'après le général Faidherbe, au nombre de 15 millions, et de nos jours ils absor-

bent noblement, sans guerre, mais par le travail
et l'intelligence, ce qui reste chez eux d'éléments
des vainqueurs.

L'Arabe nomade et fanatique, qui répète
jusqu'à mille fois par jour la phrase de l'Islâm :
La illah il Allah mohammed raçoul Allah. « Dieu
est grand, Mohammed est son prophète », est en
petit nombre aujourd'hui ; demain, il sera Berbère, parce que le Kabyle tient d'un terroir où
la neige, source de vie et de force, le rend
vaillant, industriel ; tels ces Français-Canadiens
des Charentes, du Périgord, du Poitou, de Normandie, de Bretagne, de Provence, etc., au
nombre de 10 à 12 mille, qui, de 1524 à 1750, ont
quitté leurs provinces françaises et sont appelés,
par leur souche rustique, à dominer un jour
l'Amérique du Nord, à moins que les anciens
esclaves ou fils et petits-fils, les Nègres africains,
ne prennent la supériorité par le nombre.

Tels sont, dis-je, ces Berbères ou Kabyles, qui,
enrôlés dans nos beaux et vaillants régiments
de Tirailleurs Algériens, ou Turcos, sont bien
supérieurs en tout aux Arabes, aux Juifs et aux
Nègres. Ils n'ont d'égaux que leurs vieux frères, les
Gaulois, qu'ils aiment instinctivement ; maintes
fois nous en avons eu les preuves.

Si un doute s'élevait, nous pourrions rappeler
que M. le sous-lieutenant Georges Boulanger, en
Italie ; lieutenant, en Afrique ; capitaine, en
Cochinchine, et blessé à chaque campagne, au
milieu de nous tous, n'eut qu'à se féliciter des

braves Turcos. Nous ne doutons point qu'aujour-
d'hui notre brave Ministre de la Guerre ne leur
rende à tous un juste et bon souvenir comme
nous le conservons dans nos cœurs de soldat.

Partout où le Berbère a séjourné, il a laissé
une maison et des champs cultivés, contrairement
à l'Arabe, son oppresseur, qui n'a laissé et ne
laissera, par son orgueil et sa nonchalance, que
les traces du noble coursier qu'il a dérobé au
Kabyle. Mais, le sable roulant des abîmes efface
le passage du *haout* (cheval), et réchauffe le
douar (maison) des *khammès* (métayers). Que
peuvent quelques milliers d'Arabes nomades et
paresseux contre 10 à 12 millions de Berbères,
ayant derrière eux la France et sa civilisation ?
Ils retournent au désert ou s'engagent au service
des Kabyles, du colon.

Mohammed, cet homme extraordinaire, fit des
Arabes des guerriers invincibles qui conquérirent
l'Afrique, l'Ibérie et les provinces méridionales
de la Gaule. Mais, à partir du règne de Charlemagne, la décadence des Arabes commence par
les querelles religieuses et civiles, la division du
territoire et l'incapacité des califes. Cette décadence continue, et l'Arabe n'a laissé et ne laissera aucune trace en Berbérie, ni sa langue ni
son soulte... Tel a été le Franken dans les Gaules !
La force ne primera jamais le droit, pas plus que
la langue ne disparaîtra complètement de chez
un peuple vaincu ou opprimé.

Nous n'en voulons d'autre exemple que la

Langue celtique ou gauloise. A part les mots empruntés par les savants aux Grecs et aux Latins, nous pouvons croire que la langue celtique est la langue gauloise, base de la langue actuelle, quoiqu'en disent ceux qui croient que notre Langue n'est que le produit du lent développement de la langue vulgaire romaine. Ceux-là ne songent peut-être qu'au bassin de la Seine, insondable creuset où tous les idiomes et accents, depuis bien des siècles, viennent se confondre pour créer, peut-être, une nouvelle langue. Mais, qu'ils veuillent bien songer aux patois des bassins de l'Ebre, de la Garonne, de la Loire, du Rhône, du Pô ; alors, ils seront convaincus que la langue celtique ou gauloise est bien réellement la langue française actuelle, sauf évidemment de nombreux suffixes et préfixes ajoutés pour satisfaire les goûts, ou la rendre plus harmonieuse ou moins monosyllabique.

La langue française, comme son histoire, a des lacunes et des injustices ; l'érudition moderne s'efforce de compléter les unes et de réparer les autres.

Les dialectes gaulois, grecs et romains, et la langue latine ont modifié de nombreux mots. Nous ne pouvons en donner ici qu'un exemple :

Porkere . . . . . *Celte.*
Porquere. . . . . *Roman* ou *Grec.*
Porqueriis . . . . *Latin.*
Pourquery . . . . *Français.*

Le Celte n'est-il pas plus apparent que le Roman, le Grec et le Latin ?

L'illustre La Tour d'Auvergne et M. Le Brigant avaient raison en déclarant que la langue française venait du Celte ou Bas-Breton, et *les Mémoires publiés par le congrès Celtique international* tenu à Saint-Brieuc, au mois d'octobre 1867, en font foi.

Le vieux Celte ou Gaulois, refoulé dans les montagnes par les César et les Auguste, y vécut plusieurs siècles, tenant tête aux envahisseurs. Il fut aussi réfractaire à la conquête des Francs qu'il l'avait été à celle des Romains. Il sut résister énergiquement, conserver longtemps ses croyances religieuses qui étaient celles de l'immortalité de l'âme ou d'un seul Dieu. Les Romains ne purent faire disparaître les Druides ; les chrétiens imitèrent ces derniers, et, comme eux, ils enseignaient et enseignent encore, qu'après la mort, l'âme va habiter un autre monde.

Les Gaulois surent également garder leurs langages primitifs, langues ou langages qui semblent, de nos jours, différer les uns des autres, mais qui ont tous pour base le Celtique.

Quoique nous fassions, longtemps encore et toujours, heureusement, nous trouverons en France des Celtes ou Gaulois ; du jour où cette antique rusticité, pleine de sève, n'existera plus, il en sera fait de notre belle Patrie.

Le Higlandér comme l'Auvergnat, l'Allobroge ainsi que le Breton, sont toujours très fiers de leur vieille origine ; ils resteront toujours Gaulois. Un peuple, une nation peut changer de tout le reste ; mais il ne change pas de langue, et la langue est la Mère-Patrie.

De nos jours encore, nous voyons célébrer dans le pays de Galles la cérémonie que les Gaulois antiques célébraient à la face du Dieu-soleil, œil de lumière, par des chants qui nous semblent barbares, parce qu'ils sont exprimés en langue Celtique.

Ce pays de Galles, où la langue Celtique s'est conservée toute pure et se parle encore aujourd'hui sans alliage d'Anglo-Saxon, garde encore au fond du cœur des aspirations à l'indépendance !

M. le général Boulanger, ministre de la guerre, mon ancien capitaine au 1er régiment de Tirailleurs Algériens alors que j'étais dans sa compagnie comme sergent-major (Cochinchine, de 1861 à 1864) vient, au moment où j'écris ces lignes, de traduire plus éloquemment ma pensée dans son beau discours à la société française de sauvetage (26 décemb. 1886).

Qu'il me soit permis d'en reproduire le dernier paragraphe :

« Recevez tous mes vœux pour la prospérité de « votre belle société, fondée sur la large base de « la fraternité, et permettez-moi, comme chef de « l'armée, de vous répéter combien je suis heu- « reux et fier de saluer en vous les représentants

« de cette vaillance française, faite de chevale-
« resque générosité, de gai, d'insouciant héroïsme,
« et qui sera comme le cachet de notre vieille
« race gauloise, aussi longtemps qu'il y aura une
« France, c'est-à-dire aussi longtemps que vivra
« le monde. »

QUERES ET PORQUERES.

II.

QUERES ET PORQUERES.

Du xe au xive siècle, au moyen-âge, les poètes dans le midi de la France s'appellent : *Trobars*, *Trovars* ou *Troubadours,* et dans le nord : *Trovers* ou *Trouvères.*

Dans la langue d'*Oc* comme dans la langue d'*Oïl*, ces poètes sont de véritables Trovars ou Trouvers : des inventeurs, des improvisateurs.

La langue des Trovars différait très peu de la langue des Trovers ; la prononciation fut la principale des causes qui établirent une différence plus apparente que réelle entr'elles.

Les Troubadours et Trouvères se recrutaient parmi le peuple. A côté d'eux, il y avait aussi une autre classe de poètes non moins féconds : des chevaliers, des châtelains et quelquefois des châtelaines, ce qui prouve qu'au moyen-âge Peuple et Gentilshommes étaient beaucoup moins illettrés qu'on le pense généralement.

Les Troubadours avaient, comme on disait alors, la *gaye science,* et terminaient la plupart des finales et des assonances en *a, i, ie, is,* finales ensoleillées.

Les Trouvères, leurs confrères, pour la plupart pauvres ou bourgeois, semblent ignorer les finales des poètes du midi toujours en fêtes et terminent leurs poésies en *r* ou *e,* finales âpres et crues.

Cette distinction détermine le caractère propre des Troubadours et des Trouvères, ou pour mieux dire, du climat qui exerce une si grande influence sur la manière d'être des hommes, ainsi que nous l'avons vu au chapitre précédent.

Troubadours, Trouvères, Ménestrels, Jongleurs, de rangs plus ou moins élevés, composaient généralement eux-mêmes leurs poésies et chantaient leurs propres œuvres qui, tour à tour, étaient héroïques, sentimentales et surtout populaires. Les plus distingués étaient originaires du Périgord et du Limousin.

Dans les poésies des trois cent cinquante Troubadours et Trouvères du Xᵉ au XIIIᵉ siècle, nous trouverons le mot :

PORQUERE

de la romane primitive, chez les Trouvères, et :

PORQUERIE

dans les poésies des Troubadours.

La langue française n'ayant commencé à être
en usage qu'au XIIᵉ siècle, ce n'est qu'à partir de
cette époque que l'on peut trouver dans les manuscrits ou dans la Paléographie la signification
du verbe celtique, ou mieux encore gaulois-
breton.

> *Kere* ou *Qere,*
> *Kuere* ou *Quere,*
> *Kerere* ou *Qerere,*

qui, précédé du *Por,* donne :

> *Porkere* ou *Porqere,*
> *Porkuere* ou *Porquere,*
> *Porkerere* ou *Porqerere.*

Un mot, quel qu'il soit et n'importe où il se
trouve, n'appartient qu'à la langue dans laquelle
l'analyse des voyelles et des consonnes et leur
agencement donne le sens précis du mot.

Le peuple gaulois, gallo-romain ou français
était jadis au premier rang en Europe, parmi les
peuples inventeurs et vulgarisateurs du langage.

Nous savons qu'il est nécessaire de prononcer
les mots d'une langue selon les règles d'une cer-
taine prosodie, mais le principe exagéré devient
d'une fausseté évidente. Y a-t-il un seul mot chez
nous qui soit articulé avec la même accentuation,
non seulement d'une partie de la France à l'autre,
mais encore dans la capitale même ? Nous ne le
croyons pas.

Aussi les qualificatifs

QUERES,

PORQUERES,

se prononcent-ils de différentes façons selon les contrées, les pays où ils sont articulés.

Il y a plusieurs années, une société s'est formée à Paris, Lyon, Bordeaux, Marseille, etc..., dans le but de rectifier la prononciation des noms propres et surtout des noms géographiques en s'appuyant sur l'orthographe phonétique.

Chacun de nous, en effet, a pu constater les inconvénients qui existent entre le langage écrit et le langage parlé. N'est-il pas étrange que, suivant les contrées, les pays, les mêmes noms changent complètement d'orthographe, partant, de prononciation, ainsi :

Pork're, Porkeri, Porq'ere, Porquere,

sont africains.

Porquere, Porquieres, Posquieres, Posquiria,
Posquerii, Porqueri, etc.,

sont provençal, de la Guienne, de l'Ile-de-France, de la Lorraine. Quoi d'étonnant ? Le parler phonétique, qui semble de nos jours être une invention nouvelle, existait bien avant l'invention de l'écriture et fut la première voix de nos pères. Le pédantisme seul devait nous en éloigner afin d'établir une différence entre l'homme actif et le paresseux, entre le laboureur et le citadin, entre l'esclave et le maître,

Entre le vrai et le faux !...

Un autre mot qui nous intéresse et qui est aussi bien Celte que Gaulois, aussi bien Gallo-Romain que Latin et que Franc ou Français, c'est le mot

CURTI,

CURTIS,

du vieux Celte, qui signifiait : domaine rural, cour de justice, et qui s'est transformé en

CORTIS,

CORTÈS,

qui signifie : villa, habitation rustique, domaine rural, cour de justice, d'après le *Dictionnarium latino MDLIIII*.

Saint Louis avait son *Cortis* dans le bois de Vincennes.

Les Espagnols, Celtibères, en ont fait *Cortès*, ou chambre des députés.

Plus tard, on a écrit

CHORTIS,

en lui laissant la même signification, d'après le *Glossarium-novem MDCCLXVI*. Louis XIV avait son *Chortis* à Versailles.

Aujourd'hui nous traduisons ces vieux mots gaulois par

PALATIUM

qui nous vient du Latin et qui signifie : bâtiment vaste, demeure somptueuse, etc.

Que faire en présence de ces diverses prononciations qui sont toujours la source d'une foule d'erreurs, de divisions même ?

Nous croyons donc que pour retrouver l'origine du mot

Porquere,
Porqueri,

il est nécessaire de remonter aussi haut que possible, et c'est ce que nous allons essayer de faire en nous appuyant, autant qu'il se pourra, sur les monuments, les écrits et les contemporains, afin de ne pas nous éloigner de l'esprit et de la manière d'écrire ou de s'exprimer de chaque époque :

M. Reveillont, le modeste savant du musée du Louvre, a mis à jour une collection de papyrus et d'ostracas découverts, depuis 1821, dans une cruche enfouie dans un Mastabat ou tombeau égyptien, au nord de *Thèbes.* Ces monuments font connaître toute la période comprise entre *Bocchoris, Borkoris* ou *Porkoris* (1), le grand législateur-roi, brûlé vif par le conquérant Éthio-

---

(1) Le *cch* en langue orientale se prononce *khre* ou *qhr* avec un grasseyement palatal qui donne le son de *kreur, keure* ou *krer.*

pien Sabacon, Sabaca ou Sabaco, et l'invasion
arabe, c'est-à-dire depuis 712 ans environ avant
l'ère chrétienne, époque de l'apparition des premiers Celtes, Berbères ou Gaulois dans le vaste
empire d'Orient.

Faire remonter les *Queres* ou *Porqueres, Queris*
ou *Porqueris* de l'époque où les philosophes Egyptiens quittaient en grand nombre les bords du
Nil pour porter la science et la civilisation dans
le Soudan, dans les Indes et jusqu'à la Chine ;
sur le littoral de la Méditerranée et de l'Océan
Atlantique ; du Congo en Irlande, n'a rien que
de très vraisemblable, puisque, de nos jours, nous
trouvons dans la Haute-Egypte le village de
Porkere et dans la Basse-Egypte le : El-Ras-El-
Hadj Porkery (ou cap du pèlerin, *Porkery)*, et les
substantifs propres : *Porkere, Porkeri, Bokeri,
Bakeri,* etc., en usage dans la Haute-Egypte, en
Algérie et sur nombreux points du littoral de la
Méditerranée, cette mer si féconde en souvenirs
des premières scènes historiques de l'humanité.

Les poésies de la langue d'*Oc,* au midi de la
Loire, et celles de la langue d'*Oïl,* au nord, ne
pourront nous faire remonter qu'aux xe et xi^e
siècles ; mais, si nous consultons les monuments
de l'ancienne Numidie, en Algérie, nous trouverons à Aumale, sur l'un des nombreux monolithes
découverts en 1855 :

.. . P. C. PORQUERE.....

en gros caractères romains de 10 à 15 centimètres.

Ces monolithes proviennent sans doute de Scipion l'Africain ou d'Annibal (202 à 252 avant notre ère).

A la bataille de Zama (202), qui termina la seconde Guerre punique, le tiers de l'armée d'Annibal qui fut vaincue par Scipion l'Africain, était composé de Gaulois qui, par mépris de la mort et par jactance, ne voulurent d'autres armes défensives que leurs boucliers et le casque, et encore, beaucoup se fiant à leur force et à leur courage tenaient en honneur de combattre nus.

Ce monolithe, sur lequel se trouve

.... P. C. PORQUERE .....

doit avoir été déposé au musée d'Aumale ou à celui d'Alger. Il fut découvert en notre présence, avec nombreux débris de monuments romains ou carthaginois, au mois de septembre 1855, lors du premier défrichement du jardin du cercle des officiers, situé à environ deux à trois cents mètres en face des deux casernes, au pied du Mont-Dira, haut de 1,816 mètres de nos jours, mais qui, au temps des Carthaginois, recevait les premiers rayons solaires à plus de deux milles mètres d'altitude et possédait dans ses flancs des cavernes ou ateliers dont le sol était, et est encore couvert de détritus de charbon de terre, de fer, de cuivre et d'or peut-être. Les tremblements de terre dont nous avons été témoins peuvent à juste raison nous laisser croire que le Mont-Dira et la ville d'Aumale, subissent progressivement le sort de la vieille Médianum des Carthaginois.

M. le colonel d'Argent fit placer et classer par catégories et dates, autant que possible, ces précieux fragments.

Sergent au bataillon de Tirailleurs Algériens, nous participâmes, ainsi que tous les sous-officiers français du bataillon, à ce travail de classement, sous la direction de M. le chef de bataillon Gibon, lequel travail fut en grande partie anéanti par les tremblements de terre de 1856 à 1857, qui détruisirent presque complètement les deux vastes bâtiments qui servaient de casernes.

Plus tard, vers 1859, quantité de débris de monuments romains furent trouvés tant à Aumale qu'à Djidjelly, dans des constructions souterraines qui, croyons-nous, servaient à déposer les morts.

Sur plusieurs, nous découvrîmes

.... PORQUERE .....

dont les pierres tombales étaient ornées, au-dehors, de l'Aigle romaine et de douze faisceaux de licteurs sculptés en relief. Ces hypogées sont semblables à ceux trouvés à Rome il y a peu d'années.

Les Romains ont laissé un grand nombre d'hypogées, parmi lesquels on remarque à juste titre à Rome celui de :

D'ALBA LONGA,

personnage consulaire. Ce tombeau est orné, ainsi

que ceux d'Aumale, au dehors, de l'Aigle romaine
et de douze faisceaux de licteurs sculptés sur le
rocher dans lequel il a été creusé.

D'Alba Longa fut durant l'ère romaine consul
en Aquitaine ; il a laissé son nom à *Mussidan*
(Dordogne), ainsi qu'à *Saint-Amant-de-Boixe*
(Charente).

Dans l'ancien Hôtel de Ville de Bordeaux, on lit
sur l'un des monolithes presque abandonnés :

.... PORQUÈRE .....

Ce monolithe peut remonter à l'an 57 avant
notre ère, époque à laquelle les Romains firent de
Burdigala la capitale de l'Aquitaine. Il fut décou-
vert en 1659 dans les marais des environs de
Bordeaux en même temps que le tombeau de
Waïfre, le vaincu de Pépin, en 768.

A Metz, sur la place Chambières, en face de
l'école d'artillerie, se trouvaient, en 1870, cinq à
six monolithes adossés aux fortifications ; sur l'un
d'eux, nous avons lu très nettement : *Porqueyriac*.
Nous ignorons d'où proviennent ces pierres, la
bibliothèque de la ville de Metz étant restée
fermée pendant toute la durée du siège.

Au musée de Périgueux, cette vieille capitale
gallo-romaine, se trouvent deux pierres qui, indi-
quées dans le catalogue archéologique du département de la Dordogne, dressé par M. le docteur
Galy (année 1862), sous les numéros 237 et 282,
sont désignées sous les numéros 90 et 91 dans

Les Antiquités de Vésone, par M. le comte Wilgrim de Taillefer. (T. 2, p. 116 et 117.)

M. le docteur Galy dit, pour la pierre n° 237 : « Ce fragment d'inscription est le seul que nous possédions qui nous rappelle le nom des habitants de Vésone et de la province dont cette ville était la métropole : *Petrocorii,* les *Petrocoriens* ou *Petrucoriens.* » Quant à la pierre 282, il n'y est fait mention que de la hauteur des lettres.

M. le comte Wilgrim de Taillefer est plus explicite, il fait de ces deux pierres un seul monument, il reste dans une indécision très raisonnée et termine en disant : « Toutefois, ce ne sont là que des conjectures qui ont besoin de l'appui de quelques nouvelles découvertes. »

En observant attentivement les deux pierres 90-237 et 91-282, au musée de Périgueux, nous avons été frappé de la similitude des caractères, comme dimension et comme forme ou nature de lettres, avec celles trouvées dans l'ancienne Numidie, à Aumale, Dellys, Djidjelly, de 1855 à 1859.

Le fragment de monolythe 90-237, qui a 1ᵐ25 de longueur sur 0ᵐ19 de hauteur, a probablement été employé comme dessus de porte, et l'on peut croire que c'est durant cette période que les lettres ont été agrandies pour une raison quelconque. Plus tard, cette pierre a été placée pour servir d'autel catholique ou de manteau de cheminée. Elle a été alors fortement incurvée au revers de l'inscription, et un écu, timbré des armes de France, a été sculpté au milieu de la courbe.

Les lettres actuelles ont 17 centimètres de hauteur et reproduisent :

.⁖. PETRVCoR· ET D.⁖.

L'autre fragment du même monolithe, sans doute, 91-282, qui lui aussi a subi les outrages du temps et des transformations, nous est heureusement revenu taillé en forme de pierre d'assemblage, mais les lettres qu'il comporte semblent être restées intactes. Nous y trouvons

.. ERE ...

dont la hauteur des lettres est de 14 centimètres.

Ces débris de monument militaire ou administratif remontent probablement à l'époque où J. César fit du Petrucor un camp retranché destiné à maintenir la *glorieuse ligue* formée par les Arvernes et Petrucoriens contre la domination romaine dans la Gaule-Chevelue, avant et après la défaite du glorieux Vercingétorix et la reddition d'Alésia, l'an 52 avant notre ère, époque de la dernière campagne de J. César dans les Gaules.

Pour les pierres déposées au musée de Périgueux et désignées sous les nᵒˢ 237 et 282, nous avons dit : « fragments de pierres ou de monuments mégalithiques », attendu qu'à cette époque les Romains n'avaient pu trouver le temps nécessaire, pour ériger dans les Gaules, comme ailleurs, des monuments et encore moins des édifices.

Depuis cinquante ans de nombreuses découvertes sont venues combler les lacunes de notre science du passé et rendre justice à des peuples dont jusqu'alors l'activité et le rôle n'avaient point été placés dans leur vrai jour.

L'histoire du Languedoc, *tome IIIᵉ, année 1179, livre XIXᵉ, page 53ᵉ,* nous donne au sujet de la *Tourmagne* ce qui suit, qui pourrait peut-être très judicieusement être dit et écrit pour la *Tour de Vésone,* de Périgueux, et autres monuments.

« Nous observerons, à l'occasion de ce traité, que c'est là le plus ancien monument que nous connaissions où il soit fait mention de la *Tourmagne de Nismes,* qui servait alors de forteresse à la ville, de même que l'ancien amphithéâtre ou les arènes. Nous joignons ici le plan de ce qui reste de cette tour, qui est regardée avec justice par les connaisseurs, comme un précieux morceau de l'antiquité. Elle était bâtie sur la plus haute des collines qui environnaient la ville de Nismes, et qui se joignaient à ses murs. Plusieurs modernes ont parlé de cet ancien édifice, qui est aujourd'hui à demi ruiné, et qui n'a plus que neuf toises et deux pieds de hauteur, sans qu'on sache l'époque précise de sa destruction. On peut voir dans leurs ouvrages la description qu'ils en font. On ne convient pas si c'est aux Gaulois ou aux Romains qu'on doit en attribuer la construction. On croit que cette tour était destinée, du temps de ces derniers, pour garder les finances de l'empire. On l'appelait *Tourmagne*, parce qu'elle était la plus grande, la mieux bâtie, et la plus élevée de celles qu'on avait construites d'espace en espace autour des murailles de Nismes. »

La dénomination de *Tourmagne* vient du IXᵉ siècle, à l'époque où Charlemagne était tout-puissant, mais, d'après de nouvelles découvertes, il est constant que cette forteresse gauloise avait nom de *Cros-Magnon. C'est donc à tort que généralement et par habitude ou ignorance nous attribuons tous ou presque tous les vieux monuments aux Romains et Gallo-Romains,* nous oublions que bien avant les temps historiques, les Gaulois occupaient les îles Britanniques et une grande partie de l'Espagne. Ils ont inscrit leurs noms en caractères ineffaçables en plus de cent endroits différents des vieux mondes Africains et Européens ; c'est pour cette raison que nous retrouvons les qualificatifs Quère et Porquère partout où les Gaulois ont foulé le sol en y apportant les premiers éléments des arts et des sciences, nous voulons dire la première ébauche de civilisation, contrairement aux grands guerriers et peuples envahisseurs qui n'ont laissé que ruines et pleurs !.....

Annibal, le plus grand guerrier de l'antiquité, durant sa grande et mémorable marche de Carthage, en Italie, n'a rien laissé !... Rien, si ce n'est une colonne avec inscription à Lacinium, aujourd'hui camp d'Annibal, aux environs de

Catinzaro, dans la Calabre (215 à 216 avant notre ère).

Que de larmes, de misères et de sang pour quelques pauvres pierres en échange de cinq à six cent mille familles restées sur le sol de la Gaule ou de l'Italie, familles guerrières mortes du froid, de la faim, de la misère : les chefs dans les combats, les femmes et les enfants dans l'émigration !...

Carthage lui érigea un monument en forme de *Tour, à Thyzdrus,* aujourd'hui KER-OUAM ou QUER-OUAM, en Tunisie, la cité sainte. Le musulman, au triomphe définitif du Coran, a dressé sur cette *Tour dite d'Annibal,* une Mosquée où nul chrétien, chien fils de chien *(Roumi, Kelp béni Kelp)* n'a foulé les parvis avant notre conquête.

Plus tard, alors que les Césars romains devaient tout détruire en notre Gaule couverte de monuments splendides et plus de dix fois séculaires, qu'advint-il en 121 avant notre ère? — Il advint qu'au confluent de l'Isère et du Rhône la défaite des Gaulois fut complète et que tout ce qui ne périt pas dans le Rhône fut massacré ou pris.

Le beau tableau dû au pinceau de M. Ed. Fournier, intitulé : « *Le Fils du Gaulois* », *salon 1886,* reproduit très exactement notre défaite. L'effet de cette composition est tragique dans sa grande simplicité : « Dans le champ du combat que la nuit couvre d'ombre, un soldat est couché, mort sans avoir abandonné ses armes. Sur le corps du héros, sa femme pleure, désespérée, et d'un geste énergique et farouche son fils, un enfant que le malheur vient de faire homme, arrache, de la main glacée de celui qu'il veut venger, la loyale épée qu'à son tour il veut brandir dans les batailles, au service de la Patrie. Il semble dire : « Viens, Mère, viens. »

Après notre défaite, Bituit, le riche chef des Gaulois, figura au triomphe de son vaiqueur, couvert de diverses couleurs et monté sur son char d'argent. La joie fut si grande chez les voraces romains, sales, déguenillés et aux pieds crasseux, pour cette victoire, que Domitius-Ænobarbus et Fabius-Maximus *firent réédifier* sur les champs de bataille des *Tours de pierre* déjà existantes qu'ils nommèrent *Monuments des Vaincus.* Sur ces *Tours,* ils érigèrent des trophées ornés des armes des vaincus. Ces *Tours de pierre,* devenues *Monuments des morts,* étaient garnies aux parties supérieures, intérieures et extérieures de chevilles de fer recourbées en hameçon, afin de pouvoir suspendre les corps, les têtes et dépouilles des ennemis. Sur de grandes et petites plaques de marbre ou de pierre, placées de distance en distance, étaient gravés les noms des chefs vaincus ! Jamais, auparavant, le Romain n'avait insulté à la défaite des nations dont il avait triomphé.

La *Tour de pierre,* dite *de Vésone,* à *Périgueux,* ne serait-elle pas un trophée *réparé* par les ordres de J. César pour surpasser Domitius-Ænobarbus et Fabius-Maximus ? Les dards recourbés en

hameçon n'étaient-ils pas des crochets ayant
servi à suspendre les dépouilles des terribles
Petrocoriens et Arvernes ? Les grandes et petites
plaques de pierre n'étaient-elles pas les registres
qui devaient transmettre aux rebelles Petrocoriens les terribles défaites de leurs vaillants
guerriers ?

Les pierres nᵒˢ 237 et 282 du catalogue de
M. le docteur Galy (musée de Périgueux) sont
très probablement des fragments de ces terribles
registres, comme la plaque de marbre blanc et
rouge, qui se trouve au même musée sous le
nᵒ 43 du dit catalogue, en est un sombre feuillet,
quoique ne portant aucune inscription.

On peut le supposer, le croire même, puisque,
jusqu'à aujourd'hui, nous n'avons rien de certain sur la *Tour de Vésone,* que la face extérieure
du mur au-dessus de son premier cordon est gar-
nie de crampons de fer usés jusqu'au mur, et que
de nombreux trous rougeâtres, ferrugineux, disent
qu'il a dû en exister au-dessous de ce cordon.
Dans l'intérieur, quelques crampons, fortement
oxydés, se voient encore, ainsi qu'une grande
quantité de trous ayant évidemment servi à recevoir un métal quelconque.

Or, nous remarquons que les pierres nᵒˢ 43,
237 et 282, possèdent des trous qui semblent
avoir reçu des barres de fer ou gros clous.

Jules César, orgueilleux, cruel et menteur,
était désireux de faire plus grand que ses prédécesseurs Domitius-Ænobarbus et Fabius-Maxi-

mus en insultant aux vaincus et en faisant
transformer *la Tour Gauloise des Petrucoriens en
Monument des Morts*. Il devait aussi copier ses
devanciers en traînant lâchement derrière son
sexiga l'immortel arverne Vercingétorix, ainsi
que le fut le riche et vaillant chef gaulois Bituit,
qui fut transperçé par un braquemart. Vercingétorix eût moins de gloire. Il orna le triomphe du
vainqueur, et, après avoir langui pendant dix
années sous les verrous, il fut étranglé (44) dans
une prison de Rome. Son vainqueur expia sous
les poignards des conjurés romains l'orgueil et
l'ambition insensés qui avaient toujours présidé
à ses actes, tant politiques que guerriers, et a
justifié cette parole de Racine :

« Au plus cruel tyran, la plus cruelle injure. »

De tous temps, avons-nous dit, les grands capitaines qui ont dérouté l'esprit par la rapidité
vertigineuse de leurs conquêtes, ainsi que les
Alexandre, les Annibal, les César, les Napoléon,
etc., se sont vus épuisés après quelques années
de luttes épiques et n'ont rien créé de viable ; ils
n'ont laissé que larmes et ruines, contrairement
aux paisibles bienfaiteurs de l'humanité, dont les
noms sont modestement gravés sur les berceaux,
alors que ceux des guerriers portent palmes aux
frontispices des morgues ou cimetières.

Dès l'an 96 avant notre ère et jusqu'à 126 ans
après, la pacification des Gaules semblait être

complète. Il s'éleva alors sur toutes les Gaules un siècle de prospérité qu'on appela le siècle des Antonins. Les historiens donnent peu de renseignements sur les destinées de la Gaule-Chevelue, complètement anéantie par plusieurs siècles de guerres meurtrières. C'est durant cette période de calme que Rome y fit *reconstruire les routes et voies gauloises détruites,* afin de mieux dominer, et que nous retrouvons encore de nos jours sous la dénomination de *voies romaines,* mais bien à tort. C'est également pendant cette époque que les Romains *firent réédifier les vieux monuments celtes ou gaulois* en y apportant leur style pompeux.

L'architecture celtique ou gauloise affectait la forme ronde ou ovale, aux murs plats, style sérieux, tandis que l'architecture romaine, en général, était imitée des Egyptiens et des Grecs, aux murs et colonnes couverts de folles guirlandes, style frivole.

On peut croire que les arènes d'Arles, de Périgueux, d'Orange, de Nîmes, de Saintes ; que le pont du Gard, etc..., au style froid, sont des monuments celtiques ou gaulois retouchés par les Gallo-Romains sous le siècle des Antonins, alors que le paganisme dédiait à une déesse quelconque les vieux temples druidiques en y apportant leur style corrupteur. C'est ainsi que l'immense *Tour Gauloise* qui se trouve à Périgueux devint temple et fut dédiée à la déesse tutélaire Vesuna ou autres divinités topiques du paganisme ; mais les orages devaient faire tout disparaître et ne laisser que la charpente gauloise que nous admirons comme toutes celles qui se trouvent dans les Gaules.

Jules César, dans ses commentaires parle des Petrucoriens, mais ne fait mention de la *déesse Vesune, Vesone, Vesuna, Vesona.* Il est donc douteux que cette déesse existât alors, à moins que ce ne fut comme déesse tutélaire d'une source, d'un clair ruisseau, d'une fontaine ou d'une rivière, ainsi que l'indiquent les désinences : *une, one, una, ona,* qui n'appartenaient qu'aux cours d'eau. De nos jours ces terminaisons existent encore : *Garuna,* Garone ; *Sequana,* Seine ; *Rhodanana,* Rhône ; *Durana,* Durance, *Vesuna*, Vésone, etc.

Les édifices ainsi que les monuments érigés en toute hâte par les conquérants devaient être brisés pour donner naissance à de plus grands monuments résumant les faits, l'histoire du passé. Ainsi de nos jours les monuments que la France et l'Allemagne érigent aux vaillantes victimes de 1870-71, seront brisés pour faire naître un monument grandiose qui sera l'apothéose rendue à nos guerriers. Tel, l'Arc-de-Triomphe de l'Étoile pour les braves du trop ambitieux Napoléon Ier.

Un jour viendra, sans doute, où un seul monument, pour la France, rappellera les tristes et glorieux souvenirs du XIXe siècle. Ce dernier monument disparaîtra et ses pierres brisées avec fragments d'inscription serviront peut-être à abriter le nid d'un oisillon ou à recouvrir la tombe d'un vieillard ! On ne trouvera plus alors,

probablement, que pierres informes ou qu'inscriptions erronées, incomplètes, et, partant, faux
récits et fausses interprétations !

C'est peut-être pour cette raison, très admis-
sible, que les deux pierres 90-237 et 91-282 du
Musée de Périgueux nous sont restées et ont été
trouvées : l'une au-dessus d'une porte de vieille
Eglise des Cordeliers (1216) ancien temple païen-
romain, gallo-romain, devenu Eglise catholique,
nous voulons dire maison de Dieu ; et l'autre,
non loin de la première, employée comme pierre
d'assemblage ou abri de famille.

Ces deux monolithes, d'après les caractères
romains qui y sont fortement gravés et d'après la
nature même de la pierre, du granit, sont frères.
Ils étaient sans aucun doute accotés l'un à
l'autre, peut-être même ne formaient-ils qu'un
seul et même bloc de roche, ainsi que le suppose
M. le comte Wilgrim de Taillefer qui dit : « Ces
deux pierres ont avec elles un air de ressemblance, annoncent presque le même faire, et l'on
ne remarque aucune espèce de différence dans la
qualité de la pierre (Antiq. de Vésone, T. 2).

Les deux pierres rapprochées l'une de l'autre
reproduisent :

PETRVCoR. ET. D...ERE.

Mais ouvrons le *Tome 2e des Antiquités de Vésone,
cité Gauloise, Année 1826,* nous trouverons :

N° 90, au Musée

PETRVCoR. ET. D....

« Il s'agit en effet, dans ce fragment, non des
« habitants de Vésone, mais des Pétrocoriens
« *(Petrucorii)* et le ET.D.... ne peut guère désigner
« que les Décurions *(Et Decuriones)*, ou les
« Duumvirs *(Et Duumviri)*. Or, quel était l'édi-
« fice sur le frontispice duquel il pouvait être
« question de tous les membres du municipe et
« de leurs principaux magistrats ? Quel était le
« monument auquel devait s'intéresser tout un
« peuple ? C'était sans doute celui où siégeaient
« les Décurions et où s'assemblaient tous les
« chefs ; car un édifice de ce genre était non-
« seulement la propriété de la ville dans laquelle
« il était construit, mais aussi de tout le pays qui
« avait intérêt à sa fondation ou à sa restau-
« ration.

« Ce fragment n'indique pas, il est vrai, d'une
« manière positive, quel était le but de l'inscrip-
« tion ; mais la grandeur des lettres est un
« témoignage qu'elle appartenait à un grand
« édifice. Et à quel édifice pouvait prendre intérêt
« tout un peuple, si ce n'est au capitole ? »
(Ces lettres ont 5 pouces 6 lignes de hauteur).

« Mais les Pétrocoriens et les habitants de
« Vésone n'eussent-ils pas pu construire et faire
« construire à frais communs un autre bâtiment
« quelconque ? Si, cela est rigoureusement pos-
« sible, du moins les exemples de pareilles choses
« sont rares.

« Des Empereurs, des Magistrats, de simples
« particuliers, fondaient des édifices, et presque

« jamais on n'en trouve d'élevés par tout un
« peuple. D'ailleurs le fragment d'inscription
« dont nous venons de parler ayant été trouvé à
« côté de l'endroit même que la tradition désigne
« comme la place du Capitole, il est difficile de
« penser qu'il n'ait pas appartenu à ce monu-
« ment. »

« Voici un autre fragment qui pourrait pro-
« venir de la même inscription : .

N° 91, au Musée

....ERE....

« En effet, bien que ces trois lettres soient un
« peu plus petites que celles du numéro précé-
« dent, elles ont avec elles un air de ressem-
« blance, remontant comme elles au très haut
« Empire, annonçant presque le même faire, et
« l'on ne remarque aucune espèce de diffé-
« rence dans la qualité de la pierre. Aussi
« le numéro 90 pourrait avoir fait partie de la
« première ligne de l'inscription et peut-être
« l'autre provient de la seconde. Mais que
« signifient les trois lettres de ce fragment? C'est
« ce qu'il est impossible de dire avec certitude.
« Peut-être forment-elles la fin du mot RESTITU-
« ERE, mis pour RESTITUERUNT. S'il en était
« ainsi, nous aurions la preuve que, dès la très
« haute antiquité romaine, notre Capitole aurait

« été dégradé, et que, de l'avis des citoyens du
« municipe, les chefs en auraient ordonné la
« restauration. Toutefois ce ne sont là que des
« conjectures qui ont besoin de l'appui de quel-
« que nouvelle découverte. La seule chose que
« nous puissions assurer c'est que Vésone avait
« un capitole dont la formation remonte à une
« époque fort reculée. »

D'après ce que dessus, les inscriptions rapprochées ne pourraient-elles pas être lues :

...PETRVCoR.ET.DVVMVIRS QVERE.ET.PORQVERE...

MAGISTRATS PÉTRUCORIENS.

Ce n'est là évidemment qu'une hypothèse qui
sera peut-être prouvée lorsque M. le général Riu
nous aura fait part des inscriptions qu'il a mission
d'étudier et de traduire sur les nombreuses ruines
de Sfax, et d'El-djein, en Tunisie (1886) identi-
ques, sans aucun doute, à celles de la Numidie,
comme ces dernières le sont avec celles de *Vésuna*
ou *Petrocorii,* Périgueux ; de *Burdigala,* Bordeaux ;
de *Divodurum-Mediona-Tricorum,* Metz., etc.

Pour bien comprendre ce qu'étaient les QUERES
et PORQUERES, et partant la traduction qui pré-
cède, il est nécessaire de remonter vers 388 avant
notre ère, alors que Rome naissante fut prise et
incendiée par les Celtibères et Gaulois et que
plusieurs invasions réitérées portèrent la dévasta-

tion jusqu'aux murs de Romulus. Telle était la terreur que chacune de ces expéditions imprimait aux Romains, qu'ils donnèrent à ces épouvantes extraordinaires le nom particulier de : « *Tumultus Gallicus.* » Les Grecs, les Hellènes, avaient aussi leur expression pour caractériser cette terreur.

Or, les Gaulois, maîtres de tout le grand empire d'Occident, désignaient leurs magistrats par :

KERE ou QUERE,
PORKERE ou PORQUERE.

C'est ainsi que nous trouvons ces qualificatifs en usage chez les Romains primitifs, en Grèce ou Hellénie, en Péloponèse, à Athènes comme à Thèbes, à Corinthe comme à Sparte, pour désigner leurs magistrats. Vers 146 avant notre ère, alors que Rome victorieuse imposa sa langue comme ses lois, les qualificatifs QUERES et PORQUERES des Gaulois furent échangés en *Questeurs, Proquesteurs, Curateurs, Procurateurs* ou *Duumvirs.* C'est aussi pour cette raison que nous les trouvons gravés sur des monuments plutôt Celtibères ou Gaulois que Romains ou Gallo-Romains, et, si plus fréquemment nous ne les trouvons pas employés dans les ouvrages de la Grèce, ce brillant foyer de civilisation dans l'antiquité, et dans Rome, cette maîtresse du monde, c'est parce que ces derniers étaient ennemis jurés des Gaulois et Celtibères leurs premiers maîtres, et que leurs écrits n'ont pas été faits avec toute impartialité ;

qu'ils remplaçaient les noms vrais, topiques, historiques, simplement et sainement Gaulois, par les leurs, obscurs et disgracieux parfois.

Quoi d'étonnant, puisque de nos siècles les Européens et autres peuples le font pour les terres par eux supposées découvertes, et il est à remarquer que dans ces baptêmes il y en a les neuf dixièmes d'absurdes, de flatteurs ou d'insignifiants.

Jules César, dans ses commentaires qui nous servent de guide, ne pouvait parler des Celtibères et des Gaulois, qu'il craignait, et dont il ne connaissait ni le nom, ni la langue et encore moins les us et coutumes. Il ne savait qu'une chose et n'en voulait qu'une : écraser à tout jamais le Gaulois pour satisfaire sa folle ambition et cela à n'importe quel prix afin de renverser le brave et célèbre POMPÉE. Jamais César n'eût la parfaite connaissance de la police des Gaulois, desquels trop facilement il a écrit plusieurs choses fausses et mensongères dont ses commentaires sont remplis. Ce fut César qui, vainqueur des Gaules, y introduisit le premier l'idolatrie ainsi que le firent les hordes romaines dans tout le vaste empire des descendants de Romulus. Ce fut César qui, le premier, ordonna la destruction des beaux monuments gaulois pour ensuite les faire reconstruire par les Gallo-Romains et s'en faire attribuer la gloire.

Et cependant l'histoire a déifié César ! « Voilà la justice des hommes irréfléchis, qui prennent le succès pour juge de la moralité des événements. » (Lamartine).

Si tout autre que Jules César, Caton, par exemple, avait écrit des Mémoires sur les Gaulois, nous serions mieux renseignés. Que peut écrire un ambitieux? Que peut dire un conquérant?

Mais laissons J. César, ce grand destructeur, corrompre l'armée gauloise pour marcher sur Rome, sa patrie, sous l'égide du *Sanglier Gaulois.* Rome fut de nouveau vaincue avec l'aide des troupes gauloises qui déployèrent sous leur nouveau maître la valeur qu'elles avaient montrée en défendant leur sol.

Malgré le refoulement des Celtes, des Ibères et Gaulois par les hordes ennemies, malgré les invasions multiples dans les Gaules, la langue subsista et il resta en usage chez ces peuples de désigner leurs magistrats par :

QUERES ou PORQUERES,
QUERIS ou PORQUERIS,

selon les contrées, ainsi que les époques; nous voulons dire les changements survenus dans le langage.

Voyons ce qu'étaient ces magistrats :

Vers l'an 410 avant notre ère, Rome créa les Questeurs et Proquesteurs ou Duumvirs, magistrats ou juges qui étaient au nombre de deux et qui se maintinrent jusqu'aux invasions gauloises (388).

Les Gaulois vainqueurs désignaient leurs magistrats par :

QUERES,

PORQUERES, .

qui étaient leurs Duumvirs. Rome et Athènes furent évidemment rebelles à cette dernière prononciation toute gauloise, aussi maintinrent-elles leurs propres qualificatifs autant qu'elles le purent.

La Mauritanie, la Bétique, l'Ibérie, la Gaule, etc., conservèrent les dénominations gauloises. Les vieux monolithes anti-gallo-romains, les monuments fictifs ou imaginaires des grands capitaines ou administrateurs, nous restent comme preuves, malgré les écrits partiaux des Grecs et Romains qui ont laissé croire que les Gaulois n'avaient laissé aucun écrit afin de donner plus de force à leurs récits mensongers. Le druidisme, ont-ils dit, s'y opposait, les prêtres ne voulaient confier quoi que ce fut à l'écriture afin de ne pas divulguer leur science et de ne pas rendre les hommes plus paresseux. Nous nous demandons si véritablement il n'y a pas là sujet à s'étonner.

Les Druides, il est vrai, furent dans l'origine possesseurs du suprême pouvoir ; les Eubages étaient les devins ou sacrificateurs, et les Bardes les poètes. Tous croyaient à l'immortalité de l'âme et enseignaient qu'après la mort les âmes allaient habiter d'autres mondes. Ils reconnaissaient plusieurs Dieux, tels qu'*Esus, Jésus* ou *Hésus, Teutatès,* etc. Ils n'avaient point de temples : ceux de la Nature, les sombres forêts, leur semblaient plus dignes par la présence du Dieu-Soleil « œil de lumière », que tous les sombres édifices créés par la main des hommes. Mais à coté des prêtres gaulois il y avait le Gaulois lui-même, nous voulons dire le peuple qui construisait des habitations lacustres couvertes de figures, d'inscriptions que nous retrouvons de nos jours dans le bassin de la Seine, en Suisse, en Savoie, dans la Haute-Italie, dans la Celtique, dans l'Aquitaine, dans la Provence romaine, etc. Nous trouvons des monuments reproduisant la théorie de l'écriture, mais variant beaucoup dans la forme de l'exécution d'où est née notre langue dérivée du Gaulois et du Latin et qui n'est qu'un dialecte gaulois devenu littéraire et modifié par les désinences des cas.

Nous voyons que les Gaulois n'ont rien laissé antérieurement à 388, que de grands livres toujours ouverts, chargés d'inscriptions, que nous nommons monuments mégalithiques.

Qui donc, autres que les Grecs et Romains qui voulaient introduire leur brillante civilisation, a pu dire que les Gaulois n'ont laissé aucun écrit ?

Aux temps des Gaulois, les QUERES et PORQUERES étaient de deux sortes : les uns étaient chargés de la garde du trésor de l'État et de *quérir* l'argent des impôts ; les autres rendaient la Justice : tous étaient choisis parmi les citoyens d'une probité reconnue.

Les PORQUERES secondaient les QUERES et formaient ainsi les *Duumvirs,* qui de nos jours semblent être nos Avoués et Avocats.

Les QUERES et PORQUERES se maintinrent énergiquement en Orient pendant et après la domination romaine. L'Empire d'Occident avait déjà perdu le nom de Romain que les magistrats Gallo-Romains dominaient et formaient le noyau d'une *nouvelle Noblesse* avec l'aide des envahisseurs et du christianisme naissant.

Les QUERES et PORQUERES des Gaulois ; les QUESTEURS, PROQUESTEURS des Romains n'étant plus soutenus, se divisèrent et devinrent en horreur dans la Gaule-Chevelue comme dans tout le vaste empire romain. Alors, le *Sanglier, ce redoutable insigne des Gaulois,* qui était porté avec les *Aigles romaines,* rentra dans ses forêts ! Le *Coq gaulois* disparut également comme emblème de la Gallia pour reparaître glorieusement en 1789, comme symbole des Français.

Donnons un souvenir aux Gaulois, nos ancêtres, qui remontent à plus de vingt siècles. Nous ne savons qu'imparfaitement ce qu'ils ont fait puisque leur religion, croit-on, leur défendait l'écriture ; mais, par les commentaires de J. César, nous apprenons que le glorieux Vercingétorix fut leur dernier cri de combat !...

La Gaule, notre patrie, avait pour limites : à
l'ouest, l'Océan Atlantique, l'Océan Britannique ;
au nord, l'Océan Germanique ; à l'est, le Rhin, la
Gaule Cisalpine, et au midi la belle Mer intérieure.
Le hasard aveugle des batailles, dit Onésime
Reclus, lui a donné un nom d'emprunt et lui a
ravi plus de onze millions d'hectares.

Durant la domination romaine, les Gaules
étaient plus romaines que Rome. J. César ne par-
lait des Gaules, qu'il craignait, que pour faire
ressortir la valeur et le courage de ses guerriers,
et surtout des *Arvernes,* des *Pétrucoriens* et des
Allobroges qui possédaient à un haut degré les
qualités qui distinguent les races gauloises : la
bravoure, un esprit franc, impétueux, ouvert à
toutes les impressions ; une intelligence vive, une
mobilité extrême.

Rome trouva dans la Gaule un énergique appui.
Elle lui fournissait ses brillants orateurs qui
maintes fois surent posséder l'art de bien dire et
surtout faire vibrer au souffle de leur mâle élo-
quence les fibres patriotiques, ainsi que ses
hommes de loi et ses guerriers d'élite. Meilleurs
cavaliers que fantassins, ce fut chez eux que Rome
recruta l'élite de sa cavalerie.

Ce fut également dans la Gaule qu'elle trouva
Antonin-le-Pieux, de Nîmes ; Caracalla-le-Cruel,
de Lyon ; Antonin, le premier empereur chrétien,
de Bretagne, etc.

Après la domination romaine, notre patrie tomba
dans un état complet de barbarie. Plus de cul-

ture : la chasse, la pêche, une hutte couverte de branches ! Pour toute loi, le droit du plus fort ; les hommes luttent contre la brute et contre eux-mêmes, ainsi qu'aux plus beaux jours des Troglodites.

Les QUERES et PORQUERES disparaissent complètement des Gaules et autres contrées du grand empire romain, comme magistrats, pour ne subsister que comme noms propres de lieux ou de familles.

Durant cette période, un lien puissant manque. Les religions d'origine romaine et simitique ont un caractère cosmopolite qui n'est que la néga-tion de l'idée de Patrie et redeviennent gauloises. Le dogme de l'immortalité de l'âme renaît malgré les efforts du paganisme. Les écrivains qui ont parlé de la Gaule n'ont point manqué de signaler et de nous faire connaître que les Césars romains furent fort étonnés de ne point trouver chez un peuple qu'ils traitaient de barbares leur Tartare et leurs Champs-Élysées. Le druidisme comme le paganisme disparaît, une nouvelle croyance, une nouvelle religion, qui n'est qu'une retouche des deux dernières, mais mieux appropriée aux croyances de l'époque qui avait besoin d'une nouvelle civilisation, prend droit de cité.

Alors le vieux Barde, la tête baissée et l'œil en pleurs, ne chante plus en vers héroïques, aux sons de sa lyre, les exploits des guerriers célèbres et ne jette plus le :

« Amhra ! c'est le cri de guerre !
« Le Romain vient sournois.
« Debout, soldat Gaulois !
« Amhra ! défend ta terre !
« Honneur à qui mourra !
« Amhra, Gaulois, Amhra (1).

Il n'encourage plus les jeunes guerriers par :

« Il ne meurt pas celui qui tombe
« Pour la Gaule et la liberté !
« Sur le piédestal de sa tombe
« Grandit son immortalité.
« Sur la terre, en hymnes de gloire,
« Les Bardes portent sa mémoire
« A travers la nuit des temps,
« Et dans le ciel, les dieux en fête,
« Pour y recevoir leur conquête,
« Ouvrent leurs temples éclatants. (1)

Mais il chante entre ses dents et sans articuler d'une manière distincte :

« Prends garde, fier Pétrocorien,
« Réfléchis avant de prendre les armes,
« Car si tu es battu,
« César te fera couper les mains. (2)

Amhra est Celte et Gaulois.

Amra, Amrita-immortel, venant lui-même de *Mrana,* mort, dont le contraire est *Amra-Amor,*

---

(1) Drame en cinq actes, par Grangeneuve (Odéon 29 nov. 1882).
(2) Henry Martin, *Histoire de France.*

l'amour, qui est l'antithèse de la *mort*. Les Levan-
tins prononcent *Am'rian, Amrana, Ameriana* pour
amour ou la *Vierge Marie,* mère du Christ, *Mera,
Meriana.*

Amhra, dit le journal LA FRANCE MILITAIRE,
9 décembre 1883, est un des plus anciens, des
plus beaux, des meilleurs mots de notre vieille
Gaule !

« Amhra signifie : Debout, hardi, courage, en
avant !

« Il résume tous les généreux sentiments : le
dévouement au drapeau, le sacrifice à la patrie !

« Pourquoi donc aujourd'hui, nous autres
Français, descendants de ces fiers Gaulois, ne
ressusciterions-nous pas ce noble cri ?

« Pourquoi n'aurions-nous pas aussi, comme
les armées étrangères, ce hourrah qui conduit
les braves à la victoire ou qui glorifie leur
mort ?

« Debout, hardi, courage, en avant, Amhra !

« Tel était notre cri de guerre !

« C'était celui de la Gaule ; ce sera celui de la
France nouvelle ; ce sera celui de l'armée française !

« Mais que ce soit le cri sacré du champ de
bataille, le cri réservé pour ce solennel moment.

« Que le cavalier à la charge crie : Amhra !

« Que le fantassin à l'attaque crie : Amhra !

« Et qu'à l'heure du danger, du sang-froid, la

rage au cœur, le bras tendu vers l'ennemi, la
nation toute entière, s'il le faut, crie :

« AMHRA ! »

Et que dans nos écoles on apprenne de préférence ce que furent nos ancêtres à tous, les fiers
Gaulois, et non ce qu'ont été les moins fiers Grecs
et Romains, nos plus grands ennemis, nos plus
grands corrupteurs.

La Grèce était jadis la terre classique du bri-
gandage, et l'Italie la terre du banditisme.

Qu'on apprenne aux générations présentes quels
furent leurs ancêtres et quelle race vigoureuse,
fière et libre habitait autrefois notre pays.

Alors, elles sauront vénérer ceux qui se dé-
vouèrent le plus pour l'indépendance de la patrie,
qui luttèrent énergiquement et longtemps contre
les légions romaines, légions corrompues sales et
déguenillées, sans se laisser gagner par l'or des
vainqueurs.

Alors, disons-nous, elles prononceront avec res-
pect et admiration, non pas les noms de ces héros
imaginaires Grecs et Romains, mais bien ceux des
*Camulogène, Adiatunnus, Cativolcus, Dumnorix,
Indutiomarus, Vercassivellaunus, Gutruate, Crito-
gnate*, etc., etc., tous héros de la guerre gauloise,
chefs intrépides, émules de *Bituit* et de *Vercingétorix*.

La ville d'Angers vient de donner le premier
élan en érigeant une statue aux Ponts-de-Cé,

petite ville non loin de là, située sur les trois îles de la Loire, à *Dumnacus,* chef gaulois qui, il y a près de deux mille ans, lutta avec énergie contre une armée romaine (51 av. J.-C.).

Dumnacus ne fut point, ainsi que *Bituit* et *Vercingétorix,* traîné derrière un char pour figurer au triomphe du vainqueur, non, il resta tout entier à la vengeance, tout entier à la haine contre les envahisseurs du sol sacré. Si un jour en parcourant les forêts sauvages de l'Armorique, vous rencontrez un tumulus, arrêtez-vous, lecteur, vous aurez peut-être à vos pieds les cendres de ce vieux Gaulois qui fit expier chèrement aux Romains leurs brillantes et cruelles conquêtes !

Que cet axiome soit tracé en gros caractères sur tous les murs des écoles ou lycées : *N'est digne de posséder que celui qui peut ou sait défendre.* C'est ainsi que le comprenaient les vieux Gaulois, les Romains et les Francs, et c'est ainsi que le comprendront les Français de la *nouvelle France.*

GALLO-ROMAINS ET FRANCS

III

GALLO-ROMAINS ET FRANCS.

Nous savons que la Gaule-Romaine fut envahie par différentes hordes ou peuplades venues de tous les points de l'Europe et de l'ouest de l'Asie, lorsque Rome l'abandonna, mais non particulièrement de la Germanie.

Ces invasions ne firent que se multiplier après la chute de la domination romaine et donnèrent lieu à de nombreuses et terribles luttes. De nos jours on peut supposer qu'elles existent encore sous plusieurs formes, ce qui laisse supposer que notre Gaule ou France a été et sera, peut-être toujours, la terre promise des peuples avoisinants, et que les bords de cette Méditerranée où se rencontrent l'Europe, l'Asie et l'Afrique verront encore des invasions pacifiques ou productives, brutales ou destructives.

Les peuples du Nord ainsi que les nombreuses peuplades de l'Asie qui ont envahi notre Gaule après Rome, n'ont laissé que des ruines et des larmes. Ils étaient tous trop guerriers pour pouvoir créer. D'un autre côté, il faut admettre que ces peuples ou hordes devaient par leur contact faire de la Gaule, la future France, le pays le plus avancé du monde entier. Ces barbares arrivèrent, ainsi que des loups affamés, dans notre Gaule, où ils laissèrent en passant quelques parties d'eux-mêmes. Ces barbares voulaient prendre la place du Peuple-Roi, se partager les dépouilles des Gallo-Romains, obéir à leur instinct rapace : bandes de pillards, elles foulèrent le sol gaulois pour tout y détruire et n'y laisser que la misère et la faim !

Si notre beau pays a pu résister à ces grands courants humains, c'est que, selon toute apparence, sa force productive était plus qu'à la hauteur de sa consommation. Aussi il est facile de se faire une juste idée, de concevoir comment il a pu soutenir d'aussi grandes incursions, d'aussi grandes calamités. La situation économique d'un pays est en raison directe du développement de son agriculture et de sa population ; à cet égard, les Gaulois ne faisaient que des envieux des pays les plus favorisés. Le sol, en général, d'une admirable fertilité était partout cultivé avec intelligence et activité, nulle part l'agriculture n'était en aussi grande estime. Aussi la Gaule fut-elle féconde en produits de tous genres et en raison de ses diverses zones climatériques. Elle possédait, en outre, des plantes qui lui sont propres, des céréales, des fruits, ainsi que tous les légumes de l'Europe.

Nous tenons de nos ancêtres les funérailles somptueuses et magnifiques, les bijoux et colliers d'or, d'argent et de cuivre ; les moyens de bien tisser et brocher les étoffes et l'art de les teindre ; l'étamage ; le pain avec levain, le labourage avec charrue, l'art de conserver le jus de raisin dans des tonneaux en bois cerclés ; la fabrication des armes ; des routes magnifiques, de beaux et grands monuments munis de télégraphes, etc.....

La population de la Gaule était trop dense. Si cette densité était un élément de la richesse du pays, elle devint forcément une source de graves embarras, parce qu'elle rapporta l'émigration redoutable et rivale dont les grands guerriers surent tirer profit pour se rendre maîtres des Gaules. C'est ainsi que les Frankens, qui se recrutaient partout en Germanie ou sur la rive boréale de la mer du Nord, que les exilés, les bannis de la Mère-Patrie formèrent avec le trop-plein de la population gauloise la « Fédération des Frankens ». Le symbole des destinées errantes apparut sur leurs boucliers, boucliers parsemés d'abeilles qui émigrent, ce qui donna probablement naissance à la fleur de lys des futurs rois de France, à moins que ces derniers n'aient pris cet emblème des Egyptiens en reproduisant l'image du lotus, ce qui est fort douteux. Toujours est-il que la plus grande ignorance existe encore aujourd'hui sur

l'origine vraie de la fleur de lys des rois de
France.

En peu d'années les Frankens devinrent, par
leur cruauté, la terreur de la douce Gaule-Chevelue.
Ces barbares, dont le nom a fait écrire de volumi-
neuses dissertations par les braves étymologistes,
commencèrent par détruire et dénaturer l'histoire
des Gallo-Romains dès l'an 242 de notre ère, ainsi
que les Grecs et les Romains l'avaient dénaturée
pour les Celtes ou Gaulois.

Malgré tous ces destructeurs, les Gaulois lais-
saient des traces très profondes que nous retrouvons en lisant attentivement les inscriptions et
bas-reliefs des monuments gaulois et gallo-
romains. Nous disons lire, car ces antiques monuments ne sont que manuscrits toujours ouverts,
manuscrits très récents si nous les comparons
aux dessins, ou écritures, trouvés sur des os de
renne et autres animaux découverts à Langerie.
en Suisse, dans le Périgord, et aux sculptures sur
bois des habitations lacustres gauloises. Ces dessins sont très lisibles et quelques-uns peuvent
attirer notre attention. Qui donc a dit que les
Celtes ou Gaulois n'avaient laissé aucun monument et qu'ils ne savaient ni écrire ni dessiner?

Le musée de Saint-Germain-en-Laye et les découvertes qui se font chaque jour affirment le
contraire.

Les monuments romains diffèrent un peu des
monuments gaulois et gallo-romains : sur ces
derniers, on ne voit que chasses, batailles, têtes

de sangliers. Le tombeau dit de Jovin (*Clodius Fla-vianus Jovianus, à Reims*), maître de la cavalerie des Gaules, sous Julien l'Apostat (353), est un des plus beaux monuments gaulois ou gallo-romains.

Nous ne pouvons ici donner une longue nomenclature ni description des monuments gaulois ou gallo-romains restés debout malgré la fureur destructive des Frankens et du catholicisme, nous ne citerons que l'Arc d'Orange (Vaucluse). Le Gaulois y a fortement imprimé ses enseignes : au sommet, une bataille, une chasse, plus bas, à droite et à gauche, des trophées ; ici, un sanglier, là, un autre sanglier, puis, des faisceaux de licteurs, des lances gauloises, des épées ; plus bas encore, sur des cartouches, des têtes de sangliers, des trompettes gauloises, des saies ou sayons avec agrafes, des braies ou culottes larges et flottantes.

La traduction du pays a conservé à ce monument le nom d'Arc-de-Marius, en souvenir de la victoire de Marius sur les Cimbres et les Teutons, l'an de Rome 652 ou 102 avant notre ère. Mais elle n'est pas appuyée sur des preuves plausibles. Liébert, le prétend *restauré* en l'honneur de J. César, vainqueur des Marseillais, 49 avant notre ère.

Il en est de ce monument comme de presque tous ceux laissés par les Gaulois et Gallo-Romains, la fureur des chrétiens, le chaos des invasions ont malheureusement devancé de plusieurs siècles le temps qui détruit tout !

Que nous reste-t-il de notre vieille Gaule comme

monuments antiques ? — Rien, ou presque rien, comparativement aux peuples voisins non chrétiens, rien, si ce n'est des menhirs, des dolmens, des cromlechs et autres monuments mégalithiques pleins de mystères sacrés qui ne pouvaient attirer les convoitises des vainqueurs plus soucieux des richesses que du passé. — Rien si ce n'est des ruines gauloises ou celtiques sur lesquelles les païens ont bâti leurs temples, et sur ces derniers les chrétiens ont dressé leurs églises qui, depuis plus de deux siècles, servent de caves ou d'écuries !... Les monuments celtiques sont restés néanmoins lieux de pèlerinage catholiques ; les tumulus sont devenus des collines consacrées à des saints.

« Qu'on y songe ! dit Augustin Challamel, au-« teur des *Mémoires du Peuple français*. A la « suite d'une expédition germaine, le nombre « des murailles détruites s'éleva à quarante-cinq, « sans compter les châteaux-forts et les postes « moins importants. Chaque année enregistra « des malheurs nouveaux; aucun baume ne coula « sur les blessures ; point de trêve ; rien ne con-« sola les populations effarées !... »

En 363 de notre ère, la Gaule paraissait ne plus être ! Julien élevé au rang d'un César et à celui d'Auguste, quitta Lutèce pour aller prendre la couronne impériale à Constantinople.

La Gaule-Chevelue redevint alors la proie des usurpateurs favorisés par de nouveaux envahisseurs.

Julien (*Flavius Claudius*) avait été nommé gouverneur des Gaules en 355 ; il fixa son séjour à Lutèce (Paris). A cette époque il renonça ouvertement au christianisme, ce qui lui fit donner le beau qualificatif d'*Apostat,* parce qu'il ne l'était pas. Lui, Gaulois païen, il ne voulait point renoncer à ses croyances et devenir chrétien, parce que le christianisme apportait, suivant le mot du Christ, « Non la paix, mais bien la guerre aux peuples non chrétiens. »

Julien l'Apostat ignorait certainement qu'après lui jusqu'à nos jours, sur trois cents Papes, plus de deux cents seraient désignés par tous les historiens, comme indignes du siège qu'ils ont occupé ; mais, par sa haute intelligence, il le voyait, il le prévoyait. Puisque le christianisme troublait l'Empire, il sut ramener nombreux Gallo-Romains et étouffer les querelles des chrétiens qui, avec les envahisseurs, cherchaient à n'importe quel prix à anéantir la Gaule, leur patrie !

Il repoussa les Alamans, confédération guerrière de pleusieurs peuplades germaines qui, dès la fin du IIIe siècle, firent des excursions dans l'empire romain. Les Alamans furent refoulés dans l'Allemagne et dans la Suisse où ils se dispersèrent.

Après avoir repoussé ces hordes de barbares, après avoir fait essuyer à ces peuplades cruelles et indomptées une perte sensible à Strasbourg, Julien, véritable Gaulois, dit à haute voix à ses guerriers réunis au Champ-de-Mars :

« A vous, qui avez si bien mérité de la Patrie,
« dirai-je ce qui reste à faire pour que le souvenir
« en soit vivant chez la postérité la plus reculée?
« Défendre aussi énergiquement contre toute
« agression celui que vous avez élevé au rang
« suprême. De mon côté, pour maintenir l'ordre,
« pour que les récompenses soient toujours le
« prix de la valeur et que l'avancement ne soit
« plus celui de l'intrigue, je décrète, sous la sanc-
« tion de cette illustre assemblée : que, pour toute
« promotion dans l'ordre civil ou dans l'ordre
« militaire, il ne sera fait acception d'autre titre
« que du mérite personnel, et que la honte sera
« le partage de quiconque tâchera d'obtenir de
« l'avancement par la voie des recommanda-
« tions. »

« Les simples soldats qui, depuis longtemps se
voyaient exclus des grades et récompenses, animés par ces paroles de l'espoir d'un meilleur
sort, saluèrent cette déclaration par le retentissement approbateur de leurs piques sur leurs
boucliers (1). »

Julien quitta la Gaule pour aller prendre la
couronne impériale à Constantinople. Constance
mourut avant son arrivée. Le libérateur des Gaules
après avoir tenté son impuissante restauration du

---

(1) Julien donne les mêmes détails presque mot pour mot
dans la lettre au sénat d'Athènes. — *La Gaule et les Gaulois,*
d'après les écrivains grecs et latins, 2ᵉ édition, 1883, p. 89.

paganisme, devait mourir dans une bataille contre les Perses (363).

Voltaire, parlant de Julien dit : « Si Julien eût « vécu seulement dix ans de plus, il y a grande « apparence qu'il eût donné toute autre forme à « l'Europe que celle qu'elle a aujourd'hui. Le « triomphe de la religion chrétienne a dépendu « de sa vie. »

Des fanatiques avaient prédit sa mort, et les Perses, loin de s'en vanter, en accusèrent les chrétiens. On fut obligé d'employer des précautions extraordinaires pour empêcher les chrétiens de déchirer son corps et de profaner son tombeau. La haine du genre humain entier poursuivait d'ailleurs les chrétiens, sur le compte desquels couraient les plus détestables bruits, et qui étaient considérés comme la lie des Juifs, nation déjà méprisée et haïe. Les chrétiens entr'eux étaient d'une fidélité à toute épreuve, animés d'une haine acharnée contre tous les autres hommes non chrétiens.

Hélas! le fanatisme religieux est de tous temps!

Quand donc les hommes seront-ils assez sages, assez instruits, pour ne plus être les victimes de sottes croyances?

Si Julien eût vécu, l'Espagne aurait ignoré l'Inquisition; la France, les malheureuses Croisades, les guerres contre les Albigeois, la révocation de l'Edit de Nantes; et, l'Afrique centrale, le trafic honteux des nègres au profit des Amériques. Tristes pages pour notre religion!

Mais on peut objecter que le paganisme avait plusieurs dieux. A cela, il est facile de répondre qu'au XIXe siècle nous avons les mêmes dieux et plus encore : quelle est la corporation, quelle est l'Eglise, quelle est la personne qui n'a pas son saint ; nous voulons dire son Dieu ?

Après la mort du philosophe guerrier Julien-l'Apostat, les invasions dans la Gaule-chevelue ne firent que se multiplier et la religion chrétienne que porter la discorde. Eu égard à ces discordes de religion du paganisme contre le chistianisme et *vice versa,* en l'an 406, les Vendales prirent facilement Reims, les évêques catholiques préférant les barbares aux Gaulois, leurs fils et frères.

Peu d'années après, les Visigoths s'établirent dans l'Aquitaine avec le concours des évêques catholiques.

En 451, Attila, le chef suprême de tous les Huns ou guerriers pillards, fit avec le même appui irruption dans les Gaules.

Que de désastres, que de ruines pour notre patrie divisée par les religions !

En 481, Clovis, fils de Chilpéric et de Bazine, fut reconnu chef ou roi malgré les vieux seigneurs féodaux Gallo-Romains. On raconte qu'un Gaulois, Leude ou Antrustion, qui, comme Clovis, était chef volontaire au même titre, eut la tête brisée par la francisque du lâche Clovis au sujet du fameux vase de Soissons :

Clovis ayant assommé ce rival Gaulois fut proclamé roi : « Après ces paroles il jeta la main à l'épée de cet homme, et la flattit contre terre tandis que lui s'abaissa contre terre pour prendre l'épée, le Roy tira la sienne et lui férit un si grand coup parmi la tête, qu'il le rua mort puis il dit : « Ainsi féris-tu de l'épée en l'Orcle à Soissons. » (*Chroniques de Saint-Denis*, T. Ier. p. 15.)

En 496, Clovis, qui n'était qu'un porte-couronne, se trouva trop resserré dans son étroit patrimoine et résolut d'aller au-delà de l'Escaut chercher des aventures et du butin.

Les Gaules étaient alors morcelées en plusieurs états indépendants. L'influence des QUERES et PORQUÈRES, QUERIS et PORQUERIS maintenait péniblement les mœurs, les coutumes et l'administration romaine sous l'autorité de Syagrius. Tous les administrateurs jaloux les uns des autres et poussés par les évêques faisaient des Gaules et de la Gaule-chevelue, la douce Gaule, une proie facile offerte aux convoitises des chefs de bandes du terrible Clovis, qui n'avait alors sous ses ordres que trois à quatre mille hommes. D'autres bandes vinrent à son aide et, quoique mal disciplinées et hétérogènes, marchèrent avec lui contre Syagrius. Le pillage étant offert, chaque guerrier portait au bout de sa lance le lambeau de pourpre : « *Hasta cruentata.* »

Les Gallo-Romains, au nombre de cinq à six mille, furent trahis et vaincus à Soissons par les évêques (486) !...

Plus tard, la victoire de Tolbiac sur les Alamans (496) fut le complément de celle de Soissons. Elle apprit aux Germains que Clovis devenu Gallo-Franc ne voulait plus les admettre au partage de la Gaule.

Mais Clovis devait compter avec les évêques chrétiens ; aussi, cédant aux suggestions de son intérêt, il acheta, par sa conversion, l'appui du clergé et la faveur des Gallo-Romains opprimés. Il reçut le baptême à Reims des mains de saint Rémy (496).

Dès lors, le chef de bandes, devenu roi, « fut un soldat heureux » ; il ne s'arrêta plus dans ses conquêtes. Il sut gagner l'appui des évêques en les enrichissant par de nombreuses donations, en les élevant au rang de *vainqueurs* et d'*administrateurs* et en anéantissant à tout jamais les QUERES et PORQUERES, qui disparurent pour faire place aux surveillants ou gardiens de troupeaux. Le faisceau des *licteurs* fut remplacé par la *mitre*, la *crosse* et l'*anneau des païens*, que portent encore de nos jours les évêques catholiques romains.

Les gardiens ou évêques ne pouvaient se montrer ingrats, ni demander à Clovis compte du sang de ses proches.

Il faut cependant reconnaître à Clovis qu'il ne toucha que forcément à l'administration gallo-romaine ; qu'il la laissa subsister dans tout le nouveau territoire gallo-franc autant qu'il le put. Il comprenait, ce premier roi, que les Gaulois, malgré les secousses intérieures et extérieures, formaient une contrée, un pays profondément social.

Les Gallo-Francs, ou Français de nos jours, ont gardé cette vertu conservatrice malgré l'Église catholique qui, pour faire disparaître les vieilles croyances druidiques, fit mépriser la race gauloise, nous voulons dire le nom gaulois, de laquelle cependant elle sortait; et cela, parce que le Gaulois des temps passés, ainsi que ceux de nos jours, étaient peu accommodants et excessivement tenaces en croyances religieuses. Les Gaulois croyaient à l'immortalité de l'âme, partant à un seul Dieu. Pourquoi changer? — Pour en revenir aux dieux des Gaulois.

L'Église catholique chercha, mais bien en vain, à faire du beau qualificatif gaulois le synonyme de l'homme inculte et mal poli des vieux temps. D'où sortaient, nous nous le demandons, ces nouveaux chrétiens, la lie des Juifs, si ennemis des braves Gaulois.

Si, de nos jours, nous disons « c'est un Gaulois, » pour désigner un homme dont la conduite est sincère, franche et droite, dont l'esprit est fin et agréable, nous nous demandons si nous pouvons le dire pour bon nombre de clercs apostoliques.

Quittons Clovis, ce premier roi; laissons-le s'éteindre en 511 en prononçant ces paroles : « *Malheur à moi!* (1) »

(1) D'après Grégoire de Tours, qui a cherché à voiler les crimes de Clovis et qui n'a fait que laisser des traces sanglantes de ce descendant des Francs dans la Gaule-Chevelue. (D. Zeller, professeur d'histoire au lycée Charlemagne).

Laissons la Gaule, devenue en grande partie chrétienne, prendre pour insigne le monogramme de Jésus-Christ (☧ ou J. H. S.), se laisser gouverner par les évêques. Laissons les fils de Clovis s'agiter, les rois fainéants et les maires du palais s'énerver, pour la reprendre sous Charlemagne, ce grand administrateur, législateur, protecteur des sciences, des lettres, des arts, et, chose rare, qui fut, ainsi que Julien-l'Apostat, grand guerrier, non par ambition, ainsi que Jules César et Napoléon Ier, mais pour civiliser, pour protéger et par nécessité. Grâce à sa fermeté et à une bonne direction, Charlemagne forma l'empire des Francs, dont une faible partie, un siècle plus tard, devait prendre le nom de France. Cette France, si vieille, sera la première en date parmi les sociétés; elle sera la plus active; c'est elle qui, sans contredit, exercera sur le monde entier la plus sérieuse influence par ses idées et par ses armes.

Charles Ier, durant sa vie (742-814), devait changer les Gaules en leur donnant une législation morale, politique, pénale, civile et religieuse, en ouvrant, ainsi que l'avaient fait les Gallo-Romains, des écoles dans les principales villes de son immense empire et en protégeant les savants.

La République actuelle, à l'exemple des Gallo-Romains et de sa devancière de 1793, a repris l'œuvre de Charlemagne, abandonnée depuis près de dix siècles.

Charlemagne semble faire renaître des inven-

tions nouvelles et une nouvelle religion : la langue,
les mœurs, les lois, les formes de gouvernement
semblent issues des anciennes ; on tient plus à la
ressemblance qu'à la différence : même nomenclature juridique, mêmes termes de monarchie,
d'empire et de république, mêmes titres des rois,
des Césars, des Augustes, des chefs enfin, que
ceux de la vieille Gaule ou Gallo-Romaine.

Ce grand empereur devait par son génie fermer
toutes les brèches béantes laissées par les barbares et ses prédécesseurs et faire partout sentir
sa supériorité, par le sang gaulois qui coulait
dans ses veines, par plusieurs générations.

La législation donnée par ce grand homme
devait nécessairement produire des magistrats.
Alors apparurent, non pas les QUERES et POR-
QUERES d'autrefois, mais bien les PORQUAERERES
devenus plus tard, par l'introduction de la langue
latine, PROQUAERERES, de PRO *pour*, au nom de,
QUAERERE *chercher*, ou PROCURARE *pour avoir soin,
prendre intérêt*. Ces nouveaux magistrats exer-
çaient leur ministère auprès des juridictions
sénatoriales, veillaient aux droits des seigneurs
et objets d'intérêts communs, ainsi que le faisaient
les QUERES et PORQUERES des Gaulois et Gallo-
Romains.

Il fut alors créé :

Le Procureur fiscal,
Le Procureur des nations,
Le Procureur général syndic,

Le Procureur syndic,
Le Procureur de la commune,
Le Procureur de la fabrique, etc.

Rien n'était changé que le PORQUERE qui eut des paronymes tout en conservant sa synonymie.

PORQUERE devint *Proquere,*
PORQUAERE — *Proquaere,*
PORQUAERERE — *Proquaerere..*

Et vers le XIIIe siècle on écrivait :

PROQUER,
PROCURERE,
PROCUREUR.

De nos jours, nous avons :

Le Procureur du Roi,
Le Procureur Impérial,
Le Procureur de la République, dont les fonctions sont moins pénibles, plus simplifiées, croyons-nous, mais les mêmes que celles des QUERES et PORQUERES des Gaulois et des PROQUAERERES de Charlemagne.

NOTICES HISTORIQUES

BIOGRAPHIQUES ET GÉNÉALOGIQUES

SUR LES

PORQUÈRES, PORQUERIS ET POURQUERYS

« Porqueri sum quia quaero. »

IV.

NOTICES HISTORIQUES

BIOGRAPHIQUES ET GÉNÉALOGIQUES.

Ce n'est guère que vers les xiie, xiiie et xive siècles, que la langue française prit réellement naissance, se forma, et que les noms reçurent et conservèrent les nouvelles et variées terminaisons.

Dès lors les QUERES, QUERIS, PORQUERES, PORQUERIS, devinrent noms propres et désignèrent des personnes, des seigneuries, des domaines, ainsi que des noms de lieux ou de familles, et s'écrivirent, se prononcèrent selon les provinces, les pays et les accents, avec préfixes ou suffixes ayant pour base la racine KER, QUER, CUER (1), etc. Les préfixes étaient employés souvent chez les

_____

(1) En langue bretonne *Ker* est synonyme de maître de propriétés, de seigneur.

Ker en mythologie grecque est synonyme de déesse, fille de la nuit.

orientaux , — ils le sont encore dans la grammaire arabe, — tandis que les suffixes semblent appartenir aux occidentaux, — ils le sont encore dans le nord de la France, en Belgique, etc.

Ces qualificatifs devenus, disons-nous, noms propres, eurent pour suffixes les voyelles *a, e, i, ia, ie, es, ii, is, us,* etc.

Les préfixes gaulois *Por, Pos,* se changèrent en *Par, Per, Pro...,* puis en *Pour,* préfixes français.

Néanmoins, nous trouvons les prépositions *Por* et *Pos* employées dans le français populaire ou langues primitives devenues patois par les événements politiques qui les ont fait déchoir du rang de langues écrites.

Qu'il nous soit permis de donner ci-après, *grosso modo,* les nombreuses transformations subies par le radical ou la racine KER, QUER ou CUER, précédé des prépositions gauloises *Por* ou *Pos :*

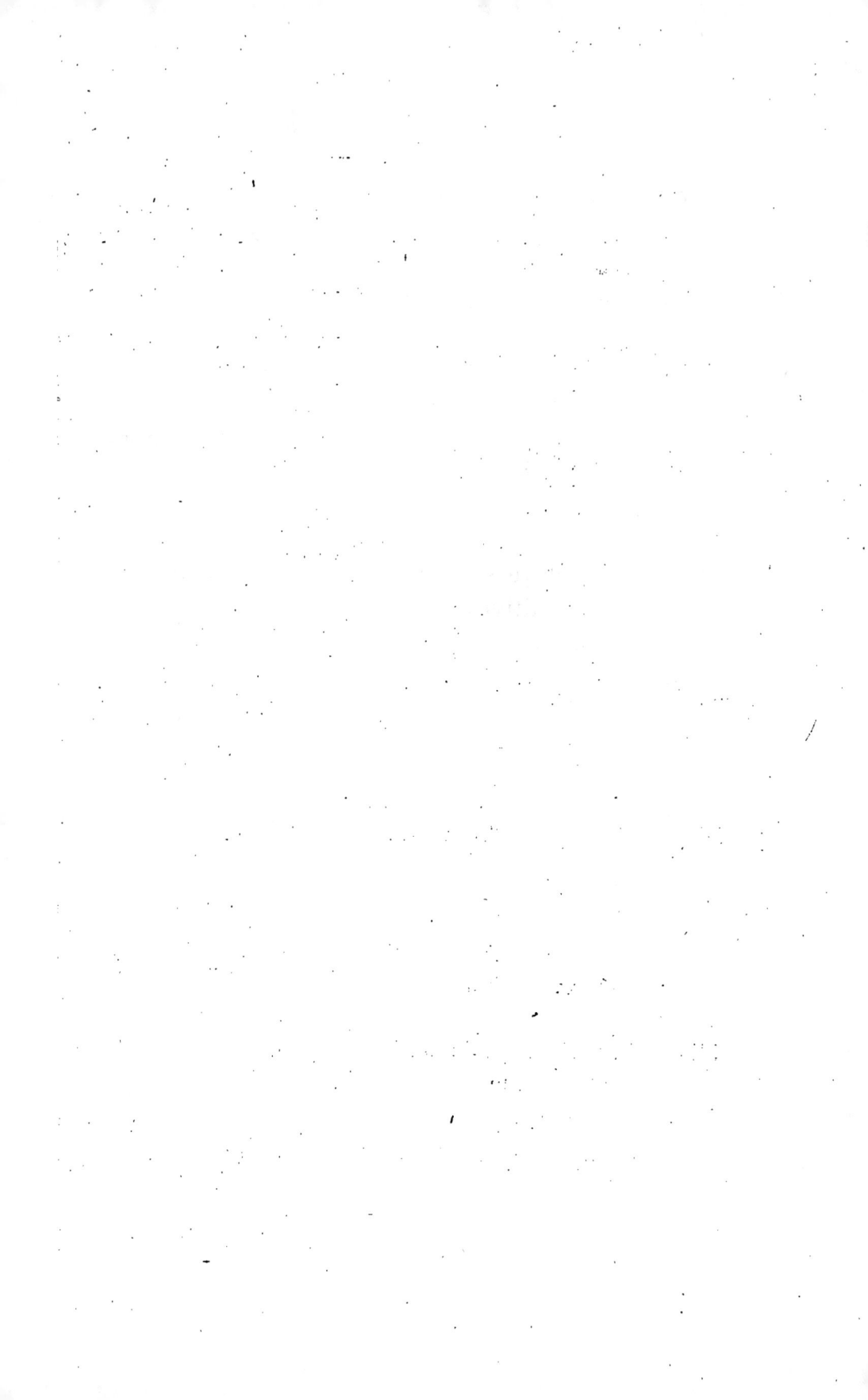

Langue	Indication			
Langue égyptienne, démotique, copte, etc.	Ces noms propres sont encore usage en Algérie, dans le Golfe A... que, le Golfe Avaltique, le Golfe ... sique et sur le littoral de la mer ... jusqu'à Quékéré, à l'ouest de Zan...	BOCCHORIS. / BACCHARIS.	BOCCHERE. / BOCCHORES.	BORK'RIS. / POR'KERI,
Langue celtique ou gauloise.	D'après les monuments gaulois gallo-romains.	POR'KERE. / POS'KERE.	PORQURRE. / POSQUERES.	PORK'RE. / PORK'RI.
Langue gallo-romaine.	D'après les monuments gallo-rom et francs.	PORQUERE. / POSQUERES.	PORQUIERES, / POSQUIERES.	PORCUERIS, / POSCUERIS.
Langue latine.	Histoire générale du Languedoc.	PORQUERIIS. / POSQUERIS. / PORQUIERES.	POSCHERIIS. / POSQUERIAS, / PORCUERIIS.	PUSCARIENSIS. / POSCHERIAS. / PORQUERIAS.
Langue d'*oc* ou des Troubadours.	D'après les historiens, la littér... et les noms de lieux.	PORQUERII. / PORQUIER. / PORQUERIS.	PORQUERES. / PORQUIERI, / PORQUERIIS.	POSQUERES. / POSQUIERES. / POSQUERIIS.
Langue d'*oïl* ou des Trouvères.	idem.　　idem.	PORQUERE. / PORKERE. / PORQUERAÏ.	PORQUERII. / PORKERI. / PORQUEYRE	POR'KRI. / POU'KRI, / PORKBYRE.
Langue française XVᵉ et XVIᵉ siècle.	idem.　　idem. Et la bibliothèque nationale.	POURQUEVRY. / PORQUERE. / PORCUERII.	POURGUERI. / POURGUERAI. / POURQUERY.	POURQUIER. / POURQUIERES, / PORQUERE,
Idiome du Périgord et du nord de l'Espagne.	D'après les archives et actes l'état-civil.	POURQUEYRIE.	POURQUEYRY.	POURQUERY,
Au XIXᵉ siècle.	D'après les annuaires militaire, villes et armoriaux généraux France, d'Angleterre, d'Espagne,	POURQUEYRY. / POURQUERIS. / POURQUIER.	PORQUERI. / POURQUERAIE. / POURGUERI.	PORQUERE. / POURQUIÉ. / POURQUERY.

Charles d'Ozier, dans son *Armorial général de France* (table des noms inscrits dans ce recueil, 1866), dit :

« Nous devons faire remarquer, en commençant cette table, que la plus grande correction ne règne pas dans l'orthographe des noms qui la composent. Nous avons dû nous conformer au texte écrit ; si bien, qu'une famille figure souvent sous des noms orthographiés d'une façon différente, etc. Nous y trouvons, en effet, POURGUERI, POURGUERAI, etc. »

Quant à la particule précédant PORQUERE, PORQUERI, POURQUERY, nous allons voir comment elle a pris naissance.

Nous savons que les anciens magistrats gaulois, gallo-romains et francs avaient longtemps abusé du pouvoir des armes et autres attachés à leurs offices. Après la mort de Charlemagne, ces magistrats profitèrent de la faiblesse des rois de la troisième race pour partager entre eux les débris de la souveraineté. Sous Louis - le - Débonnaire, la charge de magistrat devint héréditaire et propriété, et ce fut cette puissance publique qui, devenue le domaine, le patrimoine des grandes maisons, prit partout le nom de seigneurie.

Cette révolution fut des plus funestes pour les rois comme pour la liberté des peuples, car des seigneurs se conduisirent malheureusement en despotes, tant le peuple fut asservi. Tout ce qui était sujet du roy devint homme de la seigneurie

par le paiement de contributions en hommes et
en argent.

Un moment, les rois se virent obligés de se
conduire en seigneurs !

Telle a été la France après Charlemagne jusqu'au roi-soleil.

Les charges de QUERE et PORQUERE, QUERI et
PORQUERI devinrent seigneuries, et c'est ainsi et
pour cette raison que nous trouvons, dans plusieurs provinces des Gaules, des bourgades, des
hameaux, des châteaux, des seigneuries, derniers
refuges des magistrats gaulois, gallo-romains et
francs, qui portent encore de nos jours, malgré
les nombreuses guerres, les révolutions, leurs
noms prononcés ou écrits selon les pays, les
provinces ou nationalités, précédés ou suivis de
la particule DE.

Nous les trouverons non seulement dans les
Gaules, mais encore dans les contrées où les Celtes
ont, les premiers, porté les germes d'une civilisation jusqu'alors inconnue, germes qui devaient
donner naissance à Rome, à Athènes, à Carthage
et, plus tard, faire fondre sur la Gaule-Chevelue des
hordes de barbares, loups affamés, sans foi ni loi,
qui devaient tout détruire : les dolmens, les habitations lacustres, les édifices gaulois et jusqu'à
l'humble hutte !...

Nous trouverons presque partout, sous le
soleil d'Orient, dans les vallons de la Palestine
comme dans les plaines de l'Egypte, sur les
rivages de la mer Rouge comme dans la sainte

Bible ou Nouveau Testament, au temps de Jésus :

Les fils de KEROS, QUEROS,
Les fils de PORKERETH, PORKERITH.

(Néhémie, p. 555.)

Dans les Mémoires ou Histoire de Juifs :

Les PORKERES, PORKERIS.

En Afrique, dans la Basse et Haute-Egypte, du Soudan à l'île Socotora, sur les côtes d'Ajan et jusqu'à l'ouest de Zanzibar, nous trouverons :

Le *Ras-El-Kéry,*	
Le *Abdel-El-Kéry,*	
Le *Ras-El-Por'keri,*	Noms de lieux, de caps,
Le *El-hadj-Por'keri,*	de tribus
Le *Ras-al-Kyrie,*	ou de familles.
Le *Kéré, Keri,*	
Le *Porkéré, Porkéri,*	

En Tripolitaine, en Tunisie, en Algérie, et jusqu'au Maroc, les *Keres, Porkeres, Keris, Porkeris, Borkoris, Bochoris,* etc., sont nombreux, soit comme noms propres, soit comme noms de lieux.

Chez les Berbères, cette vieille souche européenne, les *Tquérit, Portquérit* sont nombreux également.

En Espagne, dans le royaume de Galle, près Vervin, dans les montagnes, se trouve *Porquaero,* petit village avec vieilles fortifications.

Dans le même royaume, sur la route de Ribadavia, se trouve *Franc-Queyri ;* à plusieurs kilo-

mètres, dans les mêmes montagnes, se trouve
Franc-Porqueyri.

Dans la vieille Castille, près de Salamanca, sur
le Rio-Tarmès, se trouve *Porkeri-Zos*.

En Catalogne, près de Padamella, sur le Rio-
l'Obregat, se trouve *Porqueri-Zo*.

En 1864, alors que nous étions sous-lieutenant
au 88ᵉ régiment d'infanterie, détaché à Saint-
Jean-Pied-de-Port (Basses-Pyrénées), nous eûmes
la bonne fortune de rencontrer, dans l'une de nos
promenades clandestines en Espagne, à Lanz,
dans la Navarre, un hidalgo des Espagnes :
M. DE POURQUEYRY. Ce vieillard, grand, sec et
maigre, fumant sans cesse la cigarette, nous fit
entrer dans une gracieuse habitation dont les
fenêtres étaient décorées de longs cordons de
piments rouges. La porte restait toujours ouverte.
La maison était entourée d'un jardin potager et
d'un verger formé presque exclusivement de
pommiers, ce qui nous surprit beaucoup. Ce
brave hidalgo nous promit de venir nous rendre
visite au fort ; mais notre changement de gar-
nison fit que nous ne le revîmes plus. Ce noble
des Espagnes doit sans doute reposer en paix !...

Cette rencontre fortuite nous rappelle le PÈRE
BAPTISTOU, propriétaire à Trélissac, au 4ᵉ kilo-
mètre de Périgueux, notre très proche voisin,
vieux paysan célibataire, gros et court, portant
sabot et bonnet de coton, très aimable du reste,
qui nous vendait du vin qu'il conduisait lui-
même sur un char attelé de deux bœufs. Depuis

1867 ou 1868, ce brave homme repose au cimetière sous le nom de : DE POURQUERY. (Arch. de Trélissac, Dordogne.)

En Bolivie, anciennes possessions espagnoles, nous trouvons PORKO, chef-lieu de la province de ce nom (2,000 habitants), et à 5 kilomètres dans les montagnes se trouve Porkeri, village de 350 habitants environ.

En Irlande se trouve le comté de KERRY, où on obtient tout des habitants par la douceur et rien en les brusquant ; ainsi que les vieux Celtes, leurs ancêtres, ils ont le cœur large et les fibres tendres. Ces vieux Gaulois luttent encore contre l'Angleterre.

En cette brave Irlande, nous trouverons les Porqueri de Curtis et Porqueri de Curtin, comme nous trouverons, en Angleterre, la famille PORQUERE D'HARRY (1), famille de réfugiés par suite de la révocation de l'édit de Nantes. En 1815, le capitaine PORQUERE D'HARRY servait au 4e régiment de Sa Majesté la reine d'Angleterre ; il prit part à la bataille de Waterloo, et se retira à Cork, Irlande. (Arch. de Cork.)

En 1847, une famille anglaise s'inscrivait sur les registres des voyageurs de l'hôtel du Périgord, à Périgueux, sous le nom de LORD POURQUERY.

De 1864 à 1868, les Messieurs POURQUERY, trois jeunes gentlemen, étaient élèves-officiers à l'ar-

---

(1) Cette famille doit être originaire des pays basques. D'Harry, en basque, signifie Pierre.

senal de la marine, ou école de la noblesse d'Angleterre, à Woolwich (Ou-litch), comté de Kent, sur la Tamise.

Ces renseignements nous sont donnés par M. Berne, professeur de langue anglaise au lycée d'Angoulême, qui, de 1864 à 1869, a été professeur de langue française à Woolwich.

Le 23 février 1885, M. PORQUERI DE CURTIS, capitaine au service de S. M. la reine d'Angleterre, commandant une chaloupe appartenant à la corvette anglaise " Canada ", a été blessé par des éclats de bois, à Baranquilla (Colombie), pendant le combat qui eut lieu le dit jour. (*Officiel-Journal,* New-York, 2 mars 1885.)

Aux Etats-Unis, nous trouverons M. M.-W.-E. PORQUERI DE CURTIS, membre de la commission scientifique de New-York, 1885. (*Officiel-Journal,* New-York, 1885.)

En France. — Dans le département du Nord, canton de Pont-sur-Sambre, se trouve le domaine DE LA PORQUERAIE, ex-seigneurie, près de Bavai, ayant environ 900 habitants.

Dans le département de la Seine-Inférieure, canton de Choisy-la-Haye, se trouve le domaine DE LA PORQUERIE, ex-seigneurie, 40 habitants.

Dans le département de l'Oise, arrondissement de Compiègne, canton de Noyons, se trouve le vieux domaine des seigneurs PORQUERI-COURT. Cette commune a environ 350 habitants.

Dans le département de la Charente, à 29 kilomètres d'Angoulême, se trouve la commune de

PORCHERESSE (275 habitants), orthographe dénaturée par la langue latine, ainsi que nous le
verrons plus loin.

Dans le département de la Dordogne, à 33 kilomètres de Bergerac, près de Couze, se trouve
BOURQUERIE, ancienne maison hospitalière qui
remonte au XIVᵉ siècle et qui, en 1696, avait pour
prieur CHARLES POURQUERY.

Dans ce même département se trouvent plusieurs hameaux et vieux castels, qui portent les
noms de PORQUERE, PORQUERI, dont l'orthographe
et la prononciation sont complètement dénaturées
par le trop rude et, il faut bien le dire, le trop
désagréable accent de cette partie de la vieille
Gaule.

Dans le département du Tarn-et-Garonne, près
de Montauban, se trouve PORQUIERE, bourg de
200 habitants environ.

Dans le département de la Meurthe, nous trou-
vons : la villa PORQUAERE-CURTIS, et PORQUERI-
CURTIS, 932 habitants, ex-chef-lieu de l'Abbaye de
Bouxières ; — PORQUERIACI-CURTIS, 965 habitants ;
— PORTERIACI-CURTIS, 960 habitants.

Dans le département de Maine-et-Loire, ex-
province d'Anjou, paroisse de Chazé-Henri, se
trouve le domaine DE LA PORQUERAÏ.

Dans le département du Var, canton d'Hyères,
se trouve PORQUER-OLLES, 200 habitants.

On n'est peu d'accord sur l'étymologie de ce
mot ; d'aucuns traduisent *Porte fortifiée* ou *domaine
fortifié*. Nous acceptons cette dernière traduction.

Porquer-olles peut également venir du terme maritime *Porque*, qui est synonyme de membrure d'un navire, sur le vaigrage, ou bien de *Porquer* qui est synonyme de fortifier un navire par des *Porques*.

Peu importe, le PORKER ou PORQUER est à nous. Dans la Méditerranée il nous donne une trace de plus des vieux philosophes Egyptiens qui, en grand nombre, quittaient la vallée du Nil pour porter la civilisation dans le monde entier. (800 ans av. J.-C.).

Dans le même département, commune de Barjols, se trouve le hameau de POURQUEI-Q, 12 habitants, et dans la commune de Six-Fours se trouve le hameau de POURQUIER, 100 habitants.

A 33 kilomètres de Draguignan, des Anglais, vieux Celtes ou Gaulois, ont donné pompeusement à leur belle villa le nom de VILLA PARKERE. Nous avons vu à la page 82 les transformations de la préposition *Por, Pos, Par, Per, Pro*.

Dans l'Hérault, nous avons VAUVERT qui est l'ancienne Seigneurie des SEIGNEURS PORQUIERES et non loin de là la commune de BOURCHERIE près Saint-Gilles.

Dans le département de l'Ardèche s'élève, entre Montpezat et Thueyts, la Gravenne de Montpezat (845 mètres) où se trouve PORQUEYROLLES, vieille demeure celtique qui ne fut jamais assiégée ni détruite par nos nombreux envahisseurs ni même par les légions romaines ; il n'y trouvèrent que ruines grandioses. Le volcan de Thueyts, ce cône tronqué, lutta seul avec cette demeure des seigneurs Gaulois et ne laissa que des murs connus aujourd'hui sous le nom de RUINES DU CHATEAU DE POURCHEYROLLES.

Devant ce vieux château en ruines coule avec bruit LA POURSEILLE, ou torrent de Montpezat, qui, né de vomissements volcaniques, semble encore mordre et dévorer ce qui reste de la vieille demeure de ces vieux PORQUEYRES, Magistrats gaulois.

Toutes ces primitives résidences des anciens Seigneurs-Magistrats PORQUERES, PORQUERIS, etc, sont devenus, avons-nous dit, domaines, seigneuries, villages, villes et noms propres.

Les siècles, les transformations de notre langue provenant du Latin, des nombreuses invasions ainsi que des plus nombreuses guerres, devaient forcément changer peu ou prou ces noms propres et faire naître les noms de famille ci-après que nous trouvons dans les ouvrages des siècles passés, dans les archives des mairies ou dans les bibliothèques.

La liste que nous donnons ci-après est plus qu'incomplète ; nous le regrettons vivement.

Les traductions latines sont prises dans le texte même des actes reproduits dans les quatre volumes de l'histoire du Languedoc et dans les ouvrages anciens qui se trouvent à la Bibliothèque Nationale.

Ce n'est qu'au commencement du xive siècle, à
l'époque de la décadence féodale, qu'on chercha,

sur les données de saint Louis, à établir des tables
armoriales dans chaque province ; mais la plupart des recueils qui avaient été dressés furent
détruits par les guerres civiles ou par les Anglais
partout où ils pénétrèrent.

Au xve siècle, sous les règnes si agités de
Louis XII et de François Ier, le Maréchal d'Armes
ne put remplir ses fonctions, et les usurpations
de titres et armoiries continuèrent.

Au xviie siècle, Louis XII créa la charge de
Juge-Général des armes et blasons, qui fut occu-
pée d'abord par François Cherrier, après lequel
elle devint héréditaire dans la famille d'Hozier
qui la posséda jusqu'en 1790.

Ces Juges-Généraux ont publié dix volumes
in-folio, de 1738 à 1768, ne contenant qu'un armorial très incomplet, et où l'on trouve, dit-on, un
certain nombre d'armoiries fausses qu'on obtenait
à prix d'argent. Charles d'Hozier était capable,
suivant Boileau, de trouver cent aïeux dans l'histoire, à quelqu'un qui désirait s'anoblir.

Charles d'Hozier était dans le vrai, car il n'est
pas un nom de famille gallo-romain ou gallo-
franc qui ne descende d'une souche dite *Grande*
ou *Noble,* souche d'autant plus commune à l'époque
des d'Hozier qu'elle avait été jadis grande, florissante et puissante.

Le grand Boileau (Nicolas), homme de bien,
titre aussi beau que celui d'homme de génie,
commit la faiblesse de faire ajouter à son beau
nom « Despréaux », nom d'un petit pré de son

village. Son père était greffier du conseil de la Grande-Chambre.

Le bon Nicolas Boileau critiquait bien à tort le chercheur d'Hozïer, qui n'ignorait point que François Iᵉʳ, le protecteur des lettres, ne voulut jamais considérer comme nobles les chevaliers de l'Université, ainsi que les gens de robe. Il disait souvent qu'il était fâché que les gentilshommes ne s'adonnassent pas à l'étude et exercice des lettres. Il les eût volontiers promus aux dignités et offices de *longues-robes*. Il eût été ainsi mieux servi.

En parcourant les armoriaux des xᵉ et xıxᵉ siècles on est plus que surpris d'y voir figurer tous, ou presque tous les noms propres des familles françaises actuelles et plutôt ceux des campagnes, des paysans, que ceux des citadins.

De là l'embarras que Charles d'Hozier, ainsi que ses prédécesseurs, éprouvèrent dans leurs recherches ainsi que dans leur travail.

Il était facile aux familles des grands centres de satisfaire les Cherrier et les d'Hozier, parce qu'elles donnaient, plus que dans les campagnes, aux plus âgés des enfants mâles, le droit de prendre, dans la succession des père et mère, non-seulement une portion plus grande que celle de chacun de ses frères, mais encore le nom du chef de famille. Les cadets quittaient le toit paternel, les uns entraient dans les ordres religieux, et les moins favorisés allaient chercher fortune au loin, devenant le plus souvent de bons et braves

paysans et de terribles ennemis pour leurs orgueilleux et favorisés aînés, en conservant plus ou
moins intact le nom patronymique. Cela dépendait de la prononciation ou de l'érudition d'un
clerc. Ce droit s'appelait le droit d'aînesse. Quoique
remontant à la plus haute antiquité, d'après la
légende biblique d'Esaü (1836 ans av. J.-C.), ce
droit dans les Gaules, comme chez les Gallo-
Romains et Francs, n'existait pas. En France il
ne remonte qu'au ixᵉ siècle. Il faut espérer que les
saines idées de justice et de morale qui ont pré-
valu chez nous à la fin du siècle dernier finiront
par l'emporter et que le droit d'aînesse né de la
féodalité disparaîtra à tout jamais.

Il était donc, disons-nous, facile à ces familles
de répondre aux recherches, mais, celles qui habitaient les campagnes n'avaient que très diffici-
lement des communications avec les centres, et
ces dernières étaient les plus nombreuses et les
plus véritablement nobles, parce qu'elles dédaignaient tout emploi ou toute servitude. La culture
des domaines, la chasse, le travail enfin avaient à
justes titres plus d'attraits et étaient plus dignes
que le honteux ramollissement des cours.

Henri IV, qui connaissait trop bien la *Noblesse
de cour,* ne put s'empêcher de dire un jour qu'il
séjournait en Périgord : « Ventre saint gris, je
trouve en Périgord la véritable noblesse. »

Charles d'Hozier ne pouvait véritablement aller
trouver toutes les familles nobles ou dites nobles
de France pour terminer ou compléter son ar-

morial. Il éprouva même dans ses recherches,
quoique prescrites par ordonnances royales, de
très grandes difficultés, de l'opposition même, de
la part des familles intéressées, parce qu'aux XVIᵉ,
XVIIᵉ et XVIIIᵉ siècles les guerres de toute nature,
les vols, les famines, la misère enfin rendaient
peu favorables les recherches quoique ordonnées
dans le but de faire cesser les nombreuses usurpations de titres.

Vers la fin du XVIIIᵉ siècle, la noblesse des campagnes était encore dans la crainte aux souvenirs
du passé. La nouvelle génération, aux récits de
celle qui disparaissait, se montrait pleine de dé-
fiance et de doute. Beaucoup de familles nobles
des campagnes n'osaient répondre aux recherches
ordonnées par Louis XIV et Louis XV, dans la
crainte de nouveaux sacrifices ou autres exigences royales.

La vraie noblesse, celle qui avait conquis ses
droits sur les champs de bataille ou dans les con-
seils des rois, dédaigna l'impôt sur le blason. Ce
fut alors, sous le contrôle de Charles d'Hozier,
qu'une foule de nobles nouveaux vint verser aux
fermiers de la recette une somme de vingt livres
pour le droit de posséder des armoiries.

Ainsi prit naissance, à Versailles et autres lieux
royaux, une noblesse de nickel qui devait forcément prendre pied sur la véritable et faire naître,
par une morgue ou contenance hautaine de valet,
la grande Révolution. Mais il est facile de reconnaître l'ivraie du bon grain.

Les De Coucy, nobles paysans de la Picardie, adoptant la devise :

> « Roi ne suis, ne prince ne duc aussi ;
> Je suis le sire de Coucy »,

et se faisant un devoir de périr au siège de Saint-Jean-d'Acre (1191), pendant la troisième croisade, auraient certainement conspué Louis XI, qui avait pour devise un fagot d'épines et qui anoblissait ses valets de cour, ses valets de chambre et tous serviteurs ; Louis XIV, ce roi-soleil, et Louis XV, cet astre éteint, qui sont un malheur pour la France, et dont encore nous souffrons de leur politique par trop féminine et par trop cléricale !

Charles d'Hozier ne devait-il pas forcément éprouver, non pas des difficultés, mais bien une haute répugnance à transmettre les titres nobiliaires des créatures des Maintenon, des Pompadour, des Du Barry, etc. ?

Or, qu'advint-il ? Il advint que des fermiers, des commerçants, des employés aux archives, des hommes de robe, etc., se firent anoblir, et que les familles véritablement nobles, mais, il faut bien le dire, par trop *fières*, par trop *oublieuses* ou *ignorantes*, se virent et se voient encore de nos jours effacées. Il ne leur reste plus qu'un faible prestige : celui, croyons-nous, que donne dame fortune !

Que sont devenus les Durand, les Lambert,

les Olivier et tant d'autres? Ils sont devenus, de
nos jours, très communs comme noms propres.

Et cependant, les Durand, en Bourgogne,
Bourbonnais, etc., en 1480, 1508, 1698, 1790,
portaient :

Armes : d'or à la face de gueules, chargée de
trois têtes de lion d'or, arrachés de
gueules ; à la bordure engrelée de
gueules.

Les Lambert, en Angoumois, en Bourgogne,
en Périgord, etc., de 1276 à 1790, portaient :

Armes : coupée, émanché, de gueules, de trois
pièces sur deux, et deux demi-pièces
d'argent.

Les Oliviers, de 1500 à 1790, en l'Ile-de-France,
en Nivernais, en Provence, etc., portaient :

Armes : d'azur, à un olivier d'or, mouvant d'un
croissant de même, surmonté de trois
étoiles d'or rangées en face.

Que sont devenus tant d'autres beaux noms,
grands et puissants, que nous rencontrons tous
les jours, noms d'autant plus puissants qu'ils
n'avaient pas de particule ; ils n'ont que le passé
de ceux qui les ont portés et que les récits sur
les plus belles pages de notre histoire.

En grande partie, la véritable noblesse n'est
point celle qui nous est transmise par les armo-

riaux ; pour la saisir, il faut prendre. il faut
retrouver les vieux noms qui sont dans les casiers
de la Bibliothèque nationale, dans les vieilles
archives des IXe au XVIe siècles, ainsi que nous
allons le faire pour les Porqueres, Porqueris,
Pourquerys, etc.

L'armorial général de la Bibliothèque nationale
est divisé en deux parties : l'une contenant les
armes que Charles d'Hozier a reçues directement
des familles, et l'autre des armes arrangées pour
les absents ou payants :

800.

Dans l'histoire générale du Languedoc, par
deux religieux de la congrégation de Saint-Maure,
année MDCCXXXIII, bibliothèque nationale,

Nous lisons :

« Posquieres, Porquieres (1), lieu situé dans le
« roïaume et duché de Septimanie, duché de Nar-
« bonne, comté de Nismes : Domaine de Pos-
« quieres, à 3 lieues du Rhône. Ce domaine prit

(1) Le ʀ est une des lettres les plus difficiles à prononcer. Les
Anglais la prononcent sourdement, les Arabes la prononcent
fortement et du fond du gosier. Les Français du Nord la font
sonner par un mouvement rapide de la langue qui laisse croire
au ʀ s, et ceux du midi, par les vibrations du bout de la langue
même qui laisse nettement à l'oreille le son de s.s. Aussi trou-
verons-nous Posqueres pour Porquere, Posqueries pour Porqueris, etc.

Il en sera de même du ᴋ, ǫ et ᴄ, qui subiront les transformations latines : Posquere deviendra Poscheresse, Porcheris'
Poscuris, etc.

« nom de Vauvert en 1217, après une lutte achar-
« née des habitants contre les *Mainades* à la solde
« de Simon de Montfort. » (Page 141.)

Pour que le lecteur puisse s'en rendre compte,
à chaque citation de l'histoire de Languedoc,
écrite en français et latin, nous reproduirons
exactement l'orthographe du nom propre qui fait
le sujet de ce travail :

    810.

« Raymond, surnommé Rafinel, prend le titre
« de duc d'Aquitaine vers l'an 810 ; or, nous avons
« déjà remarqué que les titres de duc d'Aquitaine
« et de Toulouse étaient alors synonymes. Il est
« fait mention de ce royaume dans une charte
« datée de Béziers, le jeudi 21 de mars, sous le
« règne de l'empereur Charlemagne et de Louis,
« le roi d'Aquitaine. Par cette charte, Raymond
« donne à l'abbaye de Saint-Tihéri le lieu de
« Lombez, situé dans le Toulousain, et le fief de
« Posquieres (1), avec l'église de Notre-Dame de
« la Septimanie et le comté de Nismes, etc. »

Contrairement aux lois de la grammaire française, le vieux qualificatif Porquère, Porqueri,
Pourquery, ne peut prendre un signe orthographique (voir ce mot dans Bécherelle). Aussi, nous
abstiendrons-nous d'en faire usage, à moins que
les actes authentiques nous y obligent.

(1) Traduction latine : *Poscheriis.*

GÉNÉALOGIE DES ANCIENS SEIGNEURS

D'USEZ ET DE PORQUIERES.

« L'origine et la suite des anciens seigneurs
« d'Usez est assez obscure, tant à cause des
« différentes branches qui ont partagé la sei-
« gneurie de cette ville et transmis leur droit
« et leur nom à d'autres maisons, que par la res-
« semblance des noms propres.

« Suivant une épitaphe qu'on lisait sur les murs
« de l'église de l'abbaye de Psalmodie, au diocèse
« de Nismes, *Raymond Decan, seigneur de Por-*
« *quières et d'Usez, qui fut inhumé et qui mourut*
« *au mois d'août de l'an 1138, fut père des évêques*
« *Raymond de Viviers, Raymond d'Usez, Pierre de*
« *Lodève et Albert de Nismes,* sur quoi nous
« remarquerons que cette épitaphe doit avoir
« été dressée longtemps après la mort de Ray-
« mond Decan, puisque Raymond son fils ne fut
« élu évêque de Viviers qu'en 1158.

« Il est fait mention du même Raymond Decan
« et de Raynier ou Raynon, son frère, dans un
« acte de la même abbaye de Psalmodie, de l'an
« 1097 ; mais ces deux frères ne prennent aucun
« titre dans cet acte. Le premier se qualifie
« RAYMOND DECAN ou seulement DECAN, dans
« divers titres des années suivantes, jusqu'en

« 1130, et nous ne trouvons aucun monument où
« il soit qualifié seigneur d'Usez que son épitaphe.
« Nous conjecturons de là que la seigneurie de
« cette ville lui échut par succession. En effet,
« nous trouvons : Éléazar d'Usez, qui, en 1088,
« souscrivit à la charte de Raymond de Saint-
« Gilles, en faveur de l'abbaye de Saint-André
« d'Avignon, et comme le même Éléazar d'Usez
« vivait encore en 1118 et 1125, c'est une preuve
« que RAYMOND DECAN ne posséda la seigneurie
« de cette ville qu'après la mort d'ÉLÉAZAR, qui
« est le plus ancien seigneur d'Usez que nous
« connaissions et qui, vraisemblablement, fut le
« père du même Raymond Decan et de Raymond
« son frère, seigneur d'Usez après lui... »

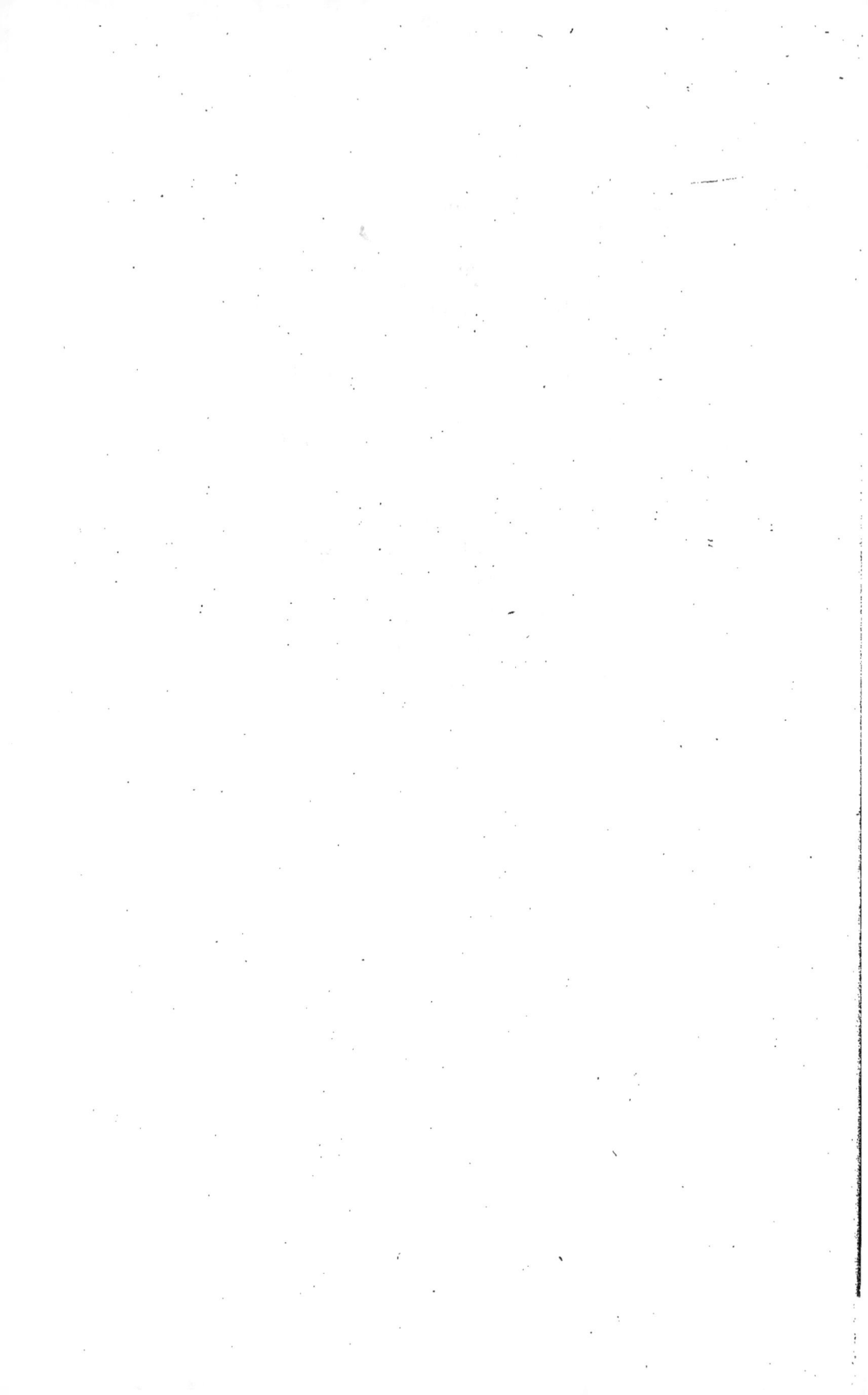

GÉNÉALOGIE

DES ANCIENS SEIGNEURS D'USEZ ET DE PORQUIERES

DE 1066 A 1316.

GÉNÉALOGIE
DES
ANCIENS
SEIGNEURS
D'USEZ
ET DE
PORQUIERES
DE
1066
A
1316.

ÉLÉAZAR Ier
seigneur d'Usez
en
1088 et 1125.

RAYMOND DECAN,
seigneur d'Usez et
de Porquières,
épousa vraisem-
blablement N...,
fille et héritière de
ROSTAING Ier, de
Porquieres, qui vi-
vait en 1066.
Raymond Decan
mourut en 1138.

RAINON Ier, seigneur
d'Usez avec son
frère RAYMOND
DECAN, fut aussi
seigneur de Cay-
lar; il vivait en 1097
et 1156, et épousa
BÉATRIX.

ROSTAING I.. ..RE DE PORQUIE-
gneur de Por.. vivait en 1138
res, épousa 1146.
ERMESSIND..
BEZIERS. Il ..STAING III DE
rut avant III ..RQUIERES, en
33 et 1146.

RAYMOND Ier ..MAR II, seigneur
gneur d'Use ..Porquieres en
la moitié d.. ..n 1193 et 1206.
Il était seig..
gneur de Po..
res en 116.. ..RE, abbé de
1179. ..HAMODIE en 1174
..IMOND dit BAS-
ALDEBERT, E.. ..un, seigneur d'U-
de Nismes ..a en partie en
1150 jusqu'e.. ..96 et 1206.

RAYMOND, C.. ..MON II, seigneur
d'Usez depu.. ..tissa pour un
jusqu'en 119.. ..tième, en sei-
PIERRE, évêq.. ..neur du Caylar.
Lodève, e.. ..pousa :
1160. ..GARSINDE, com-
..tesse de Forcal-
FAYDIDE, f.. ..I.. Il était
d'Alfonse. ..oel en 1224.
JOURDAIN de ..
louse.

GUILLAUME K..
vivait en 11..
mourut sa..
fant.

ROSCIE, dam..
sez pour la g..
et DU CAYLA.. ..MAR III DE SA-
diocèse de N.. ..BAX, seigneur
épousa BR.. ..tissa pour un
DE SABRAN.. ..ort en 1206.
mourut avan..
1206.

ROSTAING IV, sei-
gneur de Porquiè-
res, et de MARGUE-
RITES en 1209.

BERMOND dont les
enfants moururent
sans postérité.

BERMOND II, sei-
gneur d'Usez en
partie en 1211 et
1254.

1er LIT.

GARSINDE, comtesse
de Forcalquier,
épousa en 1193 IL-
DEFONSE, comte de
PROVENCE et roi
d'ARAGON.

BÉATRICE, dame du
Caylar, épousa en
1202 le DAUFIN
ANDRÉ DE BOUR-
GOGNE dit GUIGUES
X.

2e LIT.

GUILLAUME dit MAR-
TOREL, seigneur
d'Usez pour un
huitième, épousa
ERMESSINDE qui
était veuve en 1260.

RAINON III, seigneur
de la Tour-d'Aigue
et d'Usez, pour un
huitième qu'il ven-
dit en 1242 à l'évê-
que de cette ville.

RAYMOND IV, sei-
gneur d'Usez pour
un quatrième,
épousa GUILLEL-
METE, fille de RAY-
MOND GAUCELIN,
seigneur de LUNEL
et de SIBYLLE DE
MONTPELLIER.
Il mourut l'an 1254.

DOUCE, héritière de
PORQUIERES,
épousa en 1210
ERACLE, seigneur
de MONTLAUR.

DECAN, seigneur de
la moitié d'Usez
en 1254, testa en
1283.

ÉLÉAZAR DE SA-
BRAN, seigneur
d'Usez pour un
huitième qu'il ven-
dit à l'évêque de
cette ville en 1280.
Il a fait la branche
des comtes d'A-
RIAN.

ÉLÉAZAR IV, sei-
gneur d'Usez en
partie, en 1254.
Épousa GUILLE-
METE, testa en 1254
et vivait encore en
1272.

RAINON V, seigneur
d'Usez en partie.

RAYMOND GAUCELIN
Ier, seigneur d'Usez
en partie, épousa
BÉATRIX DE FRE-
DOL qui était veuve
en 1279.

ÉLÉAZAR.

BERNARD III, sei-
gneur d'Usez, pour
la moitié, laquelle
fut érigée en vi-
comté en 1328 en
faveur de ROBERT,
son fils. Ce dernier
descendait de SI-
MONE, héritière de
la vicomté d'Usez,
qui en 1486 épousa
JACQUES de BASTEL-
CRUSSOL, duquel
descendent les
ducs d'Usez d'au-
jourd'hui.

BÉRENGER, seigneur
d'Usez en partie,
épousa en l'an 1321
BLANCHE DE PLAI-
SIAN. BLANCHE, sa
petite-fille, héri-
tière de sa branche
épousa l'an 1390,
HUGUES DE LAU-
DUN, seigneur de
MONTFAUCON, dont
les descendants
vendirent, en 1493,
leur part d'Usez
au roi Charles VIII.

ALAMANDE.

GUISE.

RAYMOND GAUCELIN II,
seigneur d'Usez en par-
tie, de Ledenom, etc.
ROUSSELIN, seigneur de
Lunel, son cousin, lui
donna cette baronnie
qu'il partagea avec GÉ-
RAUD D'ÉMI. Il chan-
gea sa part en 1295 avec
le roi PHILIPPE-LE-BEL.
Il testa en 1316. BÉA-
TRICE, sa fille, épousa à
REFORCIAT DE MONTAU-
BAN.

1066.

« Rostaing de Porquieres souscrivit en 1066 à
« l'union de l'abbaye de S. Gilles à celle de Cluni,
« et en 1088, à la Charte de Raymond de Saint-
« Gilles, immédiatement après Eléazar d'Usez ;
« ce qui, joint à ce que Raymond-Decan prenait
« le surnom de Porquieres dès l'an 1103, nous
« donne lieu de croire que ce dernier épousa une
« fille du même Rostaing qui fut héritier de la
« Seïgneurie de Porquieres (1).

1066.

« Raymond de Saint-Gilles avait déjà succédé,
« dès le mois de novembre de l'an 1066, dans la
« plupart des domaines qui avaient appartenu à
« la comtesse Berthe, sa cousine.............
« Acte fut passé dans l'église de S. Bansile, près
« de Nismes, en présence de l'Eglise romaine,
« Durand de Toulouse,   Evêque.
« Hugues d'Usez,   id.
« Rostaing d'Avignon,   id.
« Bertrand de Maguelonne, id.
« Bernard de Saint-Victor de Marseille, Abbez.
« Frotard de Saint-Pons de Toulouse,   id.
« Bernard de Vabres,   id.
« Pons-Gerard, vicomte de Gironne,
« Guillaume de Sabran,
« Edmond, son frère,
« Rostaing de Posquieris,
« Et de plusieurs autres Seigneurs séculiers, et

(1) Traduction latine : *De Posquiéris.*

« en dernier lieu, d'Adèle, comtesse de Substan-
« tion, qui y donna son approbation et son
« consentement *(Volente et laudante)* etc... »
1068.

« Le comte, la comtesse de Barcelonne et leurs
« enfants convinrent par un autre acte avec le
« vicomte Raymond Bernard, la vicomtesse Er-
« mengarde, sa femme, et leurs enfants : 1° que
« si ces derniers venaient à décéder sans postérité
« les domaines, etc...,.....
« Guifred, archevêque de Narbonne,
« Matfred, abbé de Saint-Paul,
« Guillaume, de Montpellier,
« Berenger-Miran, évêque,
« Bernard Rostaing de Porquieres, (1)
« Pierre Guillaume de Montpellier et plusieurs
« autres seigneurs souscrivirent à cet accord qui
« n'est point daté, etc..... »
1088.

« Les grands domaines que Raymond de Saint-
« Gilles possédait aux environs du Rhône l'enga-
« geaient à faire sa principale résidence dans
« ces cantons. Il était en 1088 à l'abbaye de S.
« André sur le bord occidental de ce fleuve, vis-
« à-vis d'Avignon, lorsqu'il lui fit deux donations
« considérables. Par la première il donne à ce
« monastère, dont Pierre était abbé, le Puy ou
« montagne d'Audoan, où il était construit, avec
« le village voisin, etc..... La première de ces

(1) Texte latin : *Rostagno de Posqueris.*

« deux donations est souscrite par divers sei-
« gneurs du païs, entr'autres par :

« Guillaume de Sabran,
« Eléazar d'Usez,
« Gibellin de Sabran,
« Ripert de Caderousse de la part du comte ;
« par Albert, évêque d'Avignon ; Rostaing de
« Porquieres (1), prieur de Saint-André, et les
« autres religieux de ce monastère de la part de
« l'abbé.

1096.

« Raymond de Saint-Gilles, comte de Toulouse,
« Hugues le Grand, frère de Philippe, roi de
« France,
« Robert de Normandie,
« Robert, comte de Flandre,
« Etienne, comte de Blois,
« Rostaing de Porquieres, (2)
« Decan, seigneur d'Usez et de Porquieres (3),
« etc., etc... et une foule de guerriers au nombre
« de 300,000 prirent la croix dès que la guerre
« contre les infidèles fut résolue. Mais hélas !
« tous ou à peu près tous, périrent par la misère
« ou les maladies et c'est à peine si 300 cheva-
« liers restèrent avec Godfroid et Tancrede en
« Terre-Sainte et si un nombre supérieur revint
« en France !...

(1) Texte latin : *Rostagnus de Posqueriis.*
(2) Texte latin : *Rostagnus de Posquerias.*
(3) Texte latin : *Decani de Poscherias.*

Une statue d'Urbain II, ce pape français né à Lagery, près Châtillon-sur-Marne, en 1042 et mort en 1099, vient d'être élevée ce 7 juillet 1887 par les soins de S. E. le cardinal Langénieux, archevêque de Reims, et, chose digne de remarque, avec le concours de Madame la Duchesse d'Uzès, qui appartient à l'une des plus anciennes familles de France, ainsi qu'il ressort de nos recherches authentiques. Urbain II, par ses démarches et par ses paroles, devait déterminer la première croisade et faire disparaître en partie, sur les chemins de l'Asie, les puissants et nobles seigneurs d'Usez et de Porquieres !

Honneur à Madame la Duchesse d'Uzès qui, sept cent quatre-vingts ans après cette grande catastrophe, n'a pas oublié le « *Dieu le veult* » ainsi que les nobles et dignes seigneurs qui surent mourir pour une cause qu'ils croyaient grande et juste.

En faut-il d'autres pour être digne de ceux qui ont vécu avant nous ?

1099.

« D'après un ancien acte rapporté par un mo-
« derne et daté du 21 septembre de l'an 1099,

« *La XIe année du pontificat d'Urbain II et la*
« *XVe du règne de l'empereur Henry IV, Lambert*
« *Adhémar de Monteil, baron des baronnies*
« *d'Aulpes, Roquemaure, Bays et Privas dans le*
« *diocèse de Viviers,* servit dans la première croi-
« sade et fut tué au siège de Jérusalem *le Ven-*
« *dredi-Saint de la même année,* etc.....

« Guillaume-Hugues de Monteil, frère d'Aymar,
« évêque du Puy, fut du nombre des Croisez qui
« accompagnèrent Raymond de Saint-Gilles à la
« Terre-Sainte.

« Guillaume de Sabran fut un des principaux
« seigneurs du diocèse d'Usez, et DECAN DE
« PORQUIERES (1) de celui de Nismes, qui suivirent
« ce comte.

« L'historien de l'église de Maguelonne prétend
« que plusieurs gentilshommes de ce diocèse et
« de celui d'Ayde accompagnèrent Guillaume V
« de Montpellier dans cette même expédition et
« prirent la croix avec lui ; entr'autres Guillaume
« Raymond, fils de Raymond Gancelin ; Pons et
« Bernard de Montlaur, Guillaume de Fabre-
« gues, Eléazar de Montredon, Pierre Bernard
« de Montagnac, Guillaume Arnaud, Othon de
« Cornon, DECAN DE PORQUIERES (2), etc... Mais,
« hélas ! toute joie sur cette terre est mêlée de
« deuil ; le vénérable évêque du Puy, Hugues de
« Monteil, frère d'Aymar, Guillaume de Sabran,
« DECAN DE PORQUIERES (3) périrent le jour des
« calendes d'août au moment où ils allaient pro-
« fiter du fruit de leurs travaux et d'une paix à
« laquelle ils avaient tant contribué.

1105.

« Nous avons un codicile de Raymond daté
« du Mont Pèlerin en Syrie, le dernier de janvier

(1) Texte latin : *Decani Poscherias.*
(2-3) Texte latin : *Decani de Poscherias.*

« en l'an 1105 etc..... Il ordonne à ceux-ci de res-
« tituer ce domaine à cette église, à laquelle il
« rendit lui-même le village de POURQUERE qui
« en dépendait (1).

   « ..... L'acte est souscrit par Aymar, évêque de
« Toulon, Raymond de Baux, DECAN DE POR-
« QUIERES (2), Bertrand Porcelet et quelques au-
« tres seigneurs provinciaux ou Lanquedociens ;
« et en dernier lieu par la comtesse Gerville ou
« Elvire, sa femme et Alfonse, leur fils.

   1112.

   « ... Enfin Douce, environ un an après son ma-
« riage avec le comte de Barcelonne, donna à ce
« prince, le 13 janvier de l'an 1112 ou 1113, sui-
« vant notre manière de compter, tous les droits
« qu'elle avait, *tant par son père que par sa mère,*
« sur la Provence, le comté de Rouergue et ail-
« leurs, ce qu'elle fit en présence de Raymond de
« Beaux, DECAN DE POURQUIERES (3) et divers au-
« tres seigneurs, etc.....

   1114.

   « Le Seigneur de Montpellier, ravi de trouver
« une nouvelle occasion de combattre contre les
« infidèles, se disposa à son départ, et fit un tes-
« tament en présence de Gauthier, évêque de

(1) Le village de Pourquere est probablement celui qui se
trouve dans le département du Var, commune de Six-Fours,
sous la dénomination actuelle de Pourquiere.
(2) Texte latin : *Decano de Poscheriis.*
(3) Texte latin : *Decanus Puscariensis.*

« Maguelonne, et de ses principaux vassaux, par
« lequel il pourvut *à la ballie*..... et donna à
« DECAN DE PORQUIERES (1) le château de Malgueil
« et les autres biens qu'il tenait en fief de
« Malgueil, etc.

1118.

« Éléazar est le plus ancien seigneur d'Usez
« dont nous ayons connaissance. Il vivait en
« 1118, et mourut, à ce qu'il paraît, sans posté-
« rité. ROSTAING, SEIGNEUR DE PORQUIERES (2), qui,
« comme nous le conjecturons, était son frère,
« ou , du moins, Raymond Decan et Rainon, fils
« de ce dernier, recueillirent sa succession et
« possédèrent la seigneurie d'Usez qu'ils trans-
« mirent à leurs descendants. Ceux-ci la tenaient
« en fief des comtes de Toulouse.

1121.

« Bernard-Aton avait une troisième fille nom-
« mée ERMESSINDE, qu'il maria, en 1121, avec Ros-
« taing, fils de DECAN, SEIGNEUR DE PORQUIERES (3),
« dans le diocèse de Nismes. Il fit ce mariage
« conjointement avec CÉCILE sa femme, et du
« conseil de leurs fils Roger, Trencavel et Ber-
« nard. Il donna à Ermessinde, pour sa dot, les
« châteaux de Marguerites, de Cauvisson et de
« Beauvoisin dans le même diocèse, et quelques
« autres domaines, à condition que Rostaing les

(1) Texte latin : *Decanus de Poscheriis.*
(2) Texte latin : *Rostagnus de Porqueriis.*
(3) Texte latin : *Decani de Poscheiras.*

« tiendrait en fief *et à tous honneurs* de lui, et de
« celui de ses fils en faveur duquel il en dispose-
« rait. Il donna de plus à Ermessinde : *un juif*
« *et un bourgeois de Béziers avec leurs possessions,*
« etc.....

1125.

« .... Page 397... : 4° Ils convinrent qu'Ay-
« meri, vicomte de Narbonne, qui tenait aupara-
« vant en fief Beaucaire et la terre d'Argence du
« comte de Barcelonne, les tiendrait à l'avenir du
« comte de Toulouse ; et que Bernard d'Anduse
« les tiendrait lui-même en fief de ce vicomte qui
« fut présent à ce traité ainsi que le même Ber-
« nard d'Anduse, Eléazar d'Usez, Rostaing de
« Porquieres (1) et divers seigneurs des deux
« cours....... etc...

1128.

« Le Seigneur de Montpellier se désiste de son
« côté des demandes qu'il faisait au comte, et lui
« prêta, en considération de cet accord, la somme
« de 13,000 sols Melgoriens que ce dernier promit
« de lui payer des premiers deniers qui provien-
« draient de la moitié du droit qu'il avait sur la
« monnoye, etc... L'acte fut passé en présence de
« Decan de Porquieres (2), Bernard d'Anduse,
« Bertrand de Lunelvieil, Arnaud d'Omelas, Ay-
« meri, écuyer de Decan, etc...

(1) Texte latin : *Rostanus de Poscarias.*
(2) Texte latin : *Decanus de Poschariis.*

1129.

« Raymond DECAN DE PORQUIERES (1) assiste et
« signe au mariage de Pagane, fille du vicomte
« Aton et de la vicomtesse Cécile, sa femme.

1130.

« Le 23 février de l'an 1130, dix-sept chevaliers
« et gentilshommes, entr'autres ROSTAING DE
« PORQUIERES (2) leur beau-frère, et Guillaume de
« Minerve, firent serment en même temps, par
« leur ordre, d'abandonner celui des deux *(sic)* qui
« enfreindrait l'accord, etc.

1130.

« Ce qu'il y a de certain, c'est que le comte
« Alfonse Jourdain tint à Toulouse, au mois de
« mai 1130, un plaid dans lequel il jugea un
« procez, etc.

« ROSTAING DE PORQUIERES (3), Bertrand de Vil-
« leneuve, Arnaud de Durfort et plusieurs autres
« chevaliers furent présens à ce jugement.

1131.

« Alfonse, comte de Toulouse, tint un autre
« plaid à Montpellier en 1131, au sujet d'un diffé-
« rend qui s'était élevé entre Bermond, évêque
« de Béziers et les vicomtes Roger et Raymond
« de Trencavel, etc.

« DE ROSTAING DE PORQUIERES (4) et plusieurs
« autres seigneurs acquiescèrent à ce jugement.

(1) T. L. *Decanus de Poschariis.*
(2) T. L. *Rostanus de Poscarias.*
(3) T. L. *Rostanus Poscariis.*
(4) T. L. *Rostanus de Posquerias.*

1138.

« Le vicomte Raymond Trencavel, frère puîné
« de Roger, acquit de son côté, en 1138, différents
« biens qui lui furent vendus en *franc-alleu* à
« Marseillau, dans le diocèse d'Agde. Nous avons
« encore un acte sans date par lequel Rostaing
« de Porquieres (1), de la maison d'Usez, promet
« de donner ce qu'il avait à Mèse, et quelques
« autres biens du diocèse d'Agde, à celui de ses
« fils, Pierre ou Rostaing, qui épouserait une des
« filles du même vicomte ; mais nous ne savons
« pas si ce mariage s'accomplit. Peut-être que la
« parenté qu'il y avait entre eux y mit obstacle,
« car Rostaing de Porquieres (1) avait épousé en
« 1121 Ermessinde, sœur du même Raymond
« Trencavel, dont il avait eu *ces* deux filles, etc.

1139.

« L'évêque d'Usez dont on vient de parler avait
« succédé depuis peu à Raymond, qui occupait ce
« siège en 1130 et qu'on dit fils de Raymond
« Decan, seigneur d'Usez et de Porquieres ; mais
« il est certain qu'on se trompe et que Raymond,
« évêque d'Usez, fils de ce seigneur, ne fut élu
« qu'en 1150. Raymond Decan mourut au mois
« d'août de l'an 1138, et fut inhumé dans l'église
« de Saint-Pierre de Psalmodie, où on voit encore
« son épitaphe. Il laissa plusieurs autres enfants,
« sçavoir :
« Rostaing qui fut le second seigneur de Por-

(1) T. L. *Rosiagnus de Porqueriis.*

« quieres de son sang, et qui épousa en 1121
« ERMESSINDE, fille de Bernard Aton, vicomte de
« Carcassonne ; Bermond, qui prit le surnom
« d'Usez ; Aldebert ou Albert, qui succéda en 1141
« à Guillaume, évêque de Nismes, et fut sacré à
« Rome, le jour de S. Thomas, par le pape Inno-
« cent II ; Pierre, évêque de Lodève, depuis l'an
« 1154 jusqu'en 1160 ; et enfin, Fay, dite femme
« d'Alphonse Jourdain, comte de Toulouse.

« Rostaing II de Porquieres, fils de Raymond
« Decan, eut deux fils de Ermessinde de Béziers,
« sa femme, dite dame de Porquieres : Pierre et
« Rostaing III, dont on a parlé ailleurs.

« Bernard Aton, vicomte de Nismes, engagea
« en 1146 au dernier, qu'il appelle *son neveu,*
« pour la forme de 88 marcs d'argent du poids de
« Saint-Gilles, la justice des domaines que le
« même Rostaing possédait dans le diocèse de
« Nimes *(sic),* avec le droit d'exiger les serments
« de fidélité dans les châteaux de Marguerites, de
« Beauvoisin et de Cauvisson, qu'Ermessinde,
« mère de ce seigneur, avait eus en dot. Aldebert,
« évêque de Nismes, Bermond d'Usez, Rouscellin
« de Lunel, et PIERRE DE PORQUIERES (1), qui est
« sans doute le même que le frère de Rostaing III,
« furent présents à cet engagement. Il paraît que
« Rostaing II, père des deux derniers, était alors
« décédé ; que ceux-ci moururent l'un et l'autre
« sans postérité, et que Bernard d'Usez, leur

(1) T. L. : *Petrus de Porkeri.*

« oncle, recueillit leur succession. Ce dernier,
« qui vécut au moins jusqu'en 1169, se qualifiait
« en effet alors de seigneur d'Usez et de Por-
« quieres ; mais il ne possédait que la moitié de
« la seigneurie d'Usez, l'autre appartenait à
« Rainon ou Rainier, son oncle, ou aux descen-
« dants de celui-ci. Tous ces seigneurs d'Usez
« firent hommage, en 1146, à Bernard-Aton,
« vicomte de Nismes, etc.

1141.

« Le vicomte Bernard-Aton vendit en 1141, à
« Raymond et Guillaume Rainon, les parties qu'il
« avait aux environs du Caylar et de Teillan,
« dans le diocèse de Nismes, *sur les frontières de*
« *leurs domaines*. Or, comme nous apprenons
« d'ailleurs que les seigneurs d'Usez possédaient
« les terres de Porquieres et du Caylar, et qu'ils
« étaient vassaux du même vicomte pour les
« domaines qu'ils possédaient dans ce diocèse,
« ce Rainon ne doit pas être différent de RAINON,
« SEIGNEUR D'USEZ ET DE PORQUIERES, etc.

1141.

« RAYMOND DECAN, SEIGNEUR D'USEZ ET DE POR-
« QUIERES, eut plusieurs fils, dont quatre furent
« évêques dans la province, comme on l'a déjà
« vu, scavoir :

« Albert ou Aldebert de Nismes, depuis l'an
« 1141 jusqu'au 1177 ;

« Pierre Lodève, depuis l'an 1144 jusqu'en 1160 ;

« Raymond de Viviers, en 1158 et 1160 ;

« Et enfin, Raymond d'Usez, MM. de St-Marthe

« prétendant que celui-ci est le même que Ray
« mond qui était évêque d'Usez en 1130, etc.

« Raymond Decan eut un autre fils appelé Ber-
« mond, seigneur d'Usez, qui vivait en 1146.....

« Bermond se qualifie de SEIGNEUR D'USEZ ET
« DE PORQUIERES en 1168, et prenait le titre de
« *seigneur d'Usez et de Porquieres par la grâce de*
« *Dieu, en 1174,* etc.

1145.

« Alfonse, comte de Toulouse, tint en 1145 un
« plaid à Usez, à l'occasion de quelques différends
« qui s'étaient élevés entre Rainon, sa femme
« Béatrix, et Bermond d'Usez, son neveu, qui
« possédait une partie du domaine de cette ville,
« et Ébrard, évêque d'Usez, le prévôt et les cha-
« noines de la cathédrale, au sujet de la monnoye
« et de quelques fiefs que ces derniers avaient
« vendus aux autres. Bermond, par un compromis
« de l'an 1144, s'était d'abord soumis au jugement
« de Pierre, abbé de Saint-Gilles, DE ROSTAING DE
« PORQUIERES (1), de Pons de Montlaur, Raymonde
« de Castries et Bernard de Marguerites, etc.

1148.

« Albert ou Aldebert, fils de RAYMOND DECAN,
« SEIGNEUR D'USEZ ET DE PORQUIERES, se décore de
« la croix, et beaucoup de gens prirent, ainsi que
« lui, ce signe auguste pour suivre Louis VII, roi
« de France, et Conrad, empereur d'Allemagne.

(1) T. L. *Rastagnus de Porqueriis.*

1150.

« Quant à l'évêque de Viviers, il est vraisem-
« blablement évêque de Cluni. Mais, outre qu'il
« a été longtemps voisin de la ville de Nismes
« avant que d'être évêque et depuis qu'il l'est, il
« est lié, par une étroite amitié et par le sang,
« avec l'évêque de cette ville. Celui-ci, nommé
« Aldeber ou Aldebert, était fils de RAYMOND
« DECAN, SEIGNEUR D'USEZ ET DE PORQUIERES.
« Pierre Le Vénérable dit ensuite au Pape qu'il
« espère que Sa Sainteté maintiendra l'abbaye
« de La Chaise-Dieu dans l'autorité qu'elle avait
« depuis si longtemps, etc.

1156.

« Le roi Louis le Jeune accorda la même année
« un diplôme en faveur de l'Eglise d'Usez et de
« Raymond qui en était évêque. Ce prélat était
« fils de Raymond Decan, seigneur d'Usez et de
« Porquieres, etc.

1157.

« Louis le Jeune donna en 1157, à Pierre,
« évêque de Lodève, les droits régaliens sur tout
« son diocèse, avec les mines d'argent qui s'y
« trouvaient. Ce prélat était frère des évêques de
« Nismes et d'Usez et fils de Raymond Decan,
« seigneur d'Usez et de Porquieres (1).

1157.

« Il y a lieu de croire que Raymond, comte de
« Toulouse, déclara qu'il ne permettrait pas qu'on

(1) T. L. *Raimundus Decanus de Poscheriis.*

« élevât aucune tour à Carpentras sans le consen-
« tement de l'évêque. Le comte donna, pour cau-
« tion de sa promesse, Guillaume de Sabran,
« Géraud Amici, *son frère*, Richard de Lille,
« Hugues de Baux et Bernard de Porquieres, qui
« étaient sans doute les barons de ce prince...

1161.

« Louis le Jeune assembla à Beauvais, au mois
« de juillet de l'an 1161, Jean de Montlaùr, évêque
« de Maguelonne, qui fut entr'autres un des pre-
« miers et des plus zélés partisans du même pape.
« Ce prélat était d'une ancienne maison du dio-
« cèse : après avoir été chanoine de Maguelonne
« il avait succédé à Raymond qu'on fait de la
« maison de Porquieres et qui avait été élu en
« 1229, etc...

1167.

« Plantavit, marque que PIERRE DE POR-
« QUIERES (1), ÉVÊQUE DE LODÈVE, son successeur,
« délivra cette ville, au milieu du XIIe siècle, du
« joug de la servitude des comtes de Rodez :
« preuve que ces comtes dominaient alors sur le
« Lodevais. Mais malgré ce que dit cet auteur,
« Pierre de Porquieres (2) ne délivra pas Lodève
« du joug des comtes de Rodez. En effet, Gau-
« celin, successeur de ce prélat, transigea en
« 1167 avec Richard, comte de Rodez, etc...

(1) T. L. : *Petrus de Poscheris.*
(2) T. L. : *Petrus de Poscheris.*

1167.

« Quant à la maison de Rodez, il paraît qu'elle
« était unie peu de temps auparavant avec Ray-
« mond, comte de Toulouse ; car Hugues, évêque
« de Rodez, frère du comte Hugues, fonda au
« commencement de l'an 1166, conjointement
« avec ce prince, l'abbaye de Bonne-Combe, en
« Rouergues, sous la filiation de celle de Candeil,
« en Albigeois. Gransbert, abbé de cette dernière,
« mena une colonie de ses religieux à Bonne-
« Combe, y célébra la première messe le 12 jan-
« vier de l'an 1166, et y établit Matfred pour
« premier abbé. D'autres rapportent cette fonda-
« tion à l'an 1162. Mais Hugues, évêque de Rodez,
« qui y eut beaucoup de part, ne possédait pas
« encore alors cet évêché. Raymond V, comte de
« Toulouse, peut avoir cependant jeté dès lors les
« fondemens de l'abbaye de Bonne-Combe, qui
« est située à trois lieues de Rodez vers le midi.
« BERNARD, SEIGNEUR D'USEZ ET DE PORQUIERES, fut
« un des principaux bienfaiteurs de ce monastère
« auquel il fit une donation considérable en 1168,
« en présence d'Aldebert, évêque de Nismes, et
« de Raymond, évêque d'Usez, ses frères. Le
« même Bermond d'Usez fut présent *avec ses deux*
« *fils,* Éléazar et Raymond, à une donation qui fut
« faite *à Beaurecaire durant la foire,* au mois de
« may de l'an 1118, par un seigneur du pays en
« faveur de l'abbaye de Franquevaux.

1168.

« Il y avait auparavant une autre branche de

« la maison d'Usez qui avait porté le nom de
« Porquieres, ou Porkeris, car Rostaing, fils de
« Decan de Porquieres (1) épousa en 1121 Ermes-
« sinde, fille de Bernard-Aton, vicomte de Béziers
« et de Porquieres (2) dont on a déjà parlé. Ros-
« taing de Porquieres (3), fils de Decan et mari
« de Ermessinde, était donc frère de Bermond Ier,
« seigneur d'Usez. Il hérita de la terre de Por-
« quieres et des autres domaines du diocèse de
« Nismes, et comme il était déjà marié en 1121,
« il devait être l'aîné. Il eut deux fils d'Ermessinde
« de Béziers, sa femme : Pierre et Rostaing, qui
« vivaient en 1146 et qui moururent, *à ce qu'il*
« *paraît, sans postérité,* avant l'an 1168, parce que
« Bermond, qui ne se qualifiait, en 1146 et les
« années suivantes, que Bernard d'Usez, prenait
« en 1168 le titre de seigneur d'Usez et de Por-
« quieres (4), ce qui fait voir qu'il leur succéda.

   1168.

« Il paraît que Guillaume-Arnaud, mari de
« Matheline, fille du vicomte Bernard-Aton, était
« déjà mort sans enfant en 1122. Nous trouvons
« en 1168 un Guillaume-Arnaud de Beziers, et en
« 1190 et 1209 Eléazar et Bernard de Béziers, fils
« d'Eléazar et d'Adélaïde de Cognas, et Mathieu
« de Béziers en qualité de *baile* de Rostaing de

(1) T. L. *Decanus de Porkeris.*
(2) T. L.   *de Porkeris.*
(3) T. L. *Rostagnus de Porkeris.*
(4) T. L.   *de Porkeris.*

« Porquieres (1) qui font hommage du château
« de Sauvian à l'Abbaye d'Aniam.

     1174.

  « Le même Bertrand, seigneur d'Anduse, qui
« fut le sixième de ce nom, accorda cette année
« *l'exemption d'usage et de Leude* dans ses terres à
« l'Abbaye de Franquevaux, et fit hommage à
« Aldebert, évêque de Nismes, pour les châteaux
« de Montpezat de Lecques de Saint-Bonnet, etc.

  « Bernard, abbé de Franquevaux, termina d'un
« autre côté en 1174 les différends qu'il avait avec
« Raymond du Caylar et ses frères, en présence
« de Raymond Gaucelin, seigneur de Lunel, et
« de Pons-Gaucelin, son frère, *Bermond par la*
« *grâce de Dieu,* seigneur d'Usez et de Por-
« quieres (2), accorda la même année à ce mo-
« nastère, avec Eléazar et Raymond ses fils, le
« droit de pâcage dans toutes les terres, et lui
« donna quelques domaines en présence de Pierre
« d'Usez, abbé de Psalmodie.

     1179.

  « Quant à Raymond, évêque d'Usez, frère d'Al-
« bert, Bertrand lui avait succédé en 1183, et un
« autre Raymond à celui-ci en 1188. Le dernier
« Raymond fonda pour des filles une abbaye de
« l'ordre des Cîteaux dans son diocèse, au lieu
« dit aux Augustins-Anreste. Raymond, seigneur
« d'Usez, qui fit le traité, dont on vient de parler,

(1) T. L. : *Rostagni de Porkeriis.*
(2) T. L. : *De Porkeriis.*

10

« avec le comte de Toulouse, prit le surnom de
« Rascas ; il était fils de RAYMOND Ier, SEIGNEUR
« D'USEZ ET DE PORQUIERES qui, à ce qu'il paraît,
« vivait encore alors, et dont il hérita de la moitié
« de la Seigneurie d'Usez.

« Nous ignorons les circonstances de la guerre
« que le comte de Toulouse eut à soutenir en 1179
« contre Alfonse, roi d'Aragon, et ses alliés. Nous
« apprenons seulement de divers monuments,
« que ce roi et Raymond Bérenger, comte de
« Provence son frère, vinrent cette année en
« personne dans le païs ; que le premier était
« à Béziers au mois d'octobre, et que le vicomte
« Bernard-Aton lui donna alors la ville de Nismes
« avec ses dépendances, *la forteresse des Arènes*,
« *située auprès de la même ville ; le château nommé*
« *La Tourmagne ; ceux de Marguerites Caissargnes,*
« *Bernis, Beauvoisin, Candiac, Porquieres, du*
« *Caylar, d'Aimargues, Aubays, Aujargues, Cau-*
« *visson et Clarensac* et les reprit ensuite de lui
« en fief, avec promesse de les remettre *en paix*
« *et en guerre « Iratus et pacatas.* »

    1187.

« Raymond, comte de Toulouse, après avoir
« confirmé à Melgueil, au mois de juillet de l'an
« 1187, la donation du vicomte Bernard-Aton en
« faveur de l'église d'Agde, se rendit vers le
« Rhône, où il donna, au mois d'août suivant, à
« l'abbaye de Franquevaux, ce qu'il possédait
« dans le territoire de Pourques *de la succession*
« *de feue Agnès sa sœur,* avec réserve de l'usufruit.

« Guillaume de Sabran, Raymond-Racas, seigneur
« d'Usez, Eléazar d'Usez son frère, Pierre Ful-
« codii, juge et chancelier du comte et divers
« autres seigneurs, furent présents à cette dona-
« tion. Le même ÉLÉAZAR D'USEZ, en qualité de
« seigneur de Porquieres, confirma l'année sui-
« vante cette abbaye dans la possession de toutes
« les terres dont elle jouissait dans ses domaines :
« In nomine... Anno a. b. I.D.MCLXXIV. Ego
« Bermundus Dei gratia Uticensis et PORCHE-
« RIENSIS dominus perme, etc... Dono Deo, etc...
« Anno a. b. I.D.MCLXXIV, in nomine Domini
« ego BERMUNDUS USETIAE, pro remedio animae
« meae.... etc. Dono et concedo domine Deo.....
« Item dono et concedo vobis ut ledas usaticos
« non detis in foro DE PORCHERIS vel aliculi in
« terra mea, etc... etc...

        1189.

« Eléazar ou Elzear, l'aîné qui était déjà grand
« en 1161, fit la BRANCHE DES PORQUERIS ET DES
« MARGUERITES (1). Il se croisa avec Philippe-Au-
« guste, Richard Cœur-de-Lion et Frédéric Bar-
« berousse. *Sa branche* tomba en quenouille en
« 1204, époque probable de sa mort (4ᵉ croisade.)
        1204.

« Villehardouin, célèbre chroniqueur au
« XIIᵉ siècle, fit partie de la IVᵉ croisade. Il men-
« tionne un haut baron PORQUERIIS qui se croisa
« avec moult comtes et moult hauts barons de

(1) T. L. : *Eliazarius de Porquerias et Marguaritas.*

« France : « Moult fut grande la renommée par
« les terres, quand ces hauts-hommes se croi-
« sèrent et maintes autres bonnes gens dont le
« livre ne fait mie mention. »

Ce BARON PORQUERIIS dut succomber durant la
IVᵉ croisade et ne laisser que des filles.

1209.

« Seize barons vassaux du comte de Toulouse,
« scavoir :

« Guillaume de Baux, prince d'Orange,
« Hugues, son frère,
« Raymond de Baux, leur neveu,
« Dragonet de Bocoyran,
« Guillaume d'Arnaud,
« Raymond d'Agout,
« Ricard de Carniumpo,
« Bertrand de Laudun et
« Guillaume, son frère,
« Bernard d'Anduse et
« Pierre Bermond, son fils,
« Rostaing de Porquieres,
« Raymond, seigneur d'Usez, et
« Decan, son fils,
« Raymond Gaucelin, seigneur de Lunel, et
« Pons Gaucelin de Lunel,
« firent ensuite serment entre les mains du légat:
« 1° De renoncer aux Mainades, c'est-à-dire à
« l'association avec les brigands (1).

(1) Mainades, nom qu'on donnait dans le midi à des bandes
de pillards, principalement composées d'Aragonais, et que les
seigneurs prenaient pour les seconder dans leurs nobles en-

« 2° De ne plus confier aux juifs l'administra-
« tion de leurs domaines.

. . . .

« 10° Enfin de punir sévèrement tous les héré-
« tiques, leurs fauteurs, etc., etc. »

Le serment ci-dessus, dont nous ne donnons que
les trois articles qui semblent seuls nous intéresser, devait être la ruine de presque tous les
seigneurs sus-nommés, comme celle des seigneurs
D'USEZ ET DE PORQUIERES ainsi que nous le verrons plus loin.

1215.

« Simon de Montfort reçut à Lavaur le premier
« d'Avril suivant l'hommage de Guillaume,
« évêque de Cahors, pour le chateau de Pestillac
« en Querci et celui de Bernard de Cardaillac
« pour quelques autres chateaux du même Païs.
« Le lendemain, ROSTAING DE PORQUIERES (1) re-
« connut tenir de lui le chateau de ce nom dans
« le diocèse de Nismes. Il partit peu de jours
« après pour aller au-devant de Louis, fils aîné
« du roi Philippe-Auguste. Ce jeune prince s'était
« croisé trois ans auparavant contre les hérétiques
« de la province, etc.....

1217.

« Simon de Montfort à son arrivée aux environs

treprise ». Simon de Montfort fut longtemps chef des Mainades,
et c'est avec ce commandement qu'il se couvrit de lauriers.
(1) T L. : *Rostagno de Porkeriis.*

« du Rhône se présenta devant Saint-Gilles ; mais
« les habitants lui en refusèrent l'entrée, et ap-
« pelèrent de tout ce qu'il pourrait entreprendre
« contre eux, au cardinal Bertrand, qui était alors
« à Orange.

« Gérard, archevêque de Bourges, et Robert,
« évêque de Clermont, qui avaient pris la croix,
« ayant joint Simon avec un renfort considérable
« de croisez, il les employa au siège du CHATEAU
« DE PORQUIERES, qui passait pour être le plus
« fort de toute la contrée.

« ..... la fac may de mal que jamais no avia
« faict ; car alora acabet de pilhar et destruire la
« dita villa, et derroquat las tors et fortaressas
« d'aquela, sans n'y laisser una tant solamen per
« senhat ; que souc una grand perda et destruc-
« tion. Et a donc que agnet fec tat so dessus,
« dedit Tolosa s'en partit, et drech anet à POR-
« QUIERAS la quala era una forta plassa, etc.... la
« quala fouc aussi presa, et ne fec à sa voluntat
« ainsi que volguet, et peis anet et tiret à Vernis,
« ont fonctuat per el maint home et fema, etc. »

La saisissante toile de M. G. Rochegrosse (salon
de 1885), qui a été l'une des plus remarquées à
la dernière exposition de peinture, pour son analogie entre le passé et le présent (1789), nous trans-
porte aux temps où la vieille DAME ERMESSINDE
D'USEZ ET PORQUIERIS défendait sa famille contre
les Mainades de Simon de Monfort : le pillage, le
meurtre et l'incendie

La *vieille* châtelaine, faisant face aux envahisseurs en défendant sa progéniture afférée, ne semble-t-elle pas être l'image même de la vaillante seigneurie *d'Usez et de Porquieres,* tenant tête à l'orage dont le brave Simon de Montfort dispose grâce à ses Mainades.

Après le sac de la SEIGNEURIE DE PORQUIERAS, Simon de Montfort donna à la dite seigneurie le nom de Vauvert, qu'elle porte encore de nos jours !

1217.

« Nous avons aussi une charte par laquelle « ROSTAING, seigneur de PORQUIERES au diocèse « de Nismes, *étant au siège de Toulouse* le trois « février suivant, fit hommage-lige à Simon de « Montfort avec promesse de le servir, tant pour « le château de Porquieres que ce comte lui avait « rendu à la recommandation d'Héracle de Mont- « Laure, que celui de Marguerites. Le seigneur « de Mont-Laure se rendit en même temps cau- « tion de ROSTAING DE PORQUIERES (1), *dont il* « *devait hériter après sa mort,* et fit, en consé- « quence, hommage-lige à Simon de Monfort « pour les châteaux de Porquieres et de Margue- « rites, en présence du cardinal Bertrand, légat « du Saint-Siège, etc., etc.

1221.

« Contrat de mariage entre ROSTAING DE POR-

---

(1) T. L. *Rostagnus de Porquieras.*

« QUIERES et ERMESSINDE, fille du vicomte Ber-
« nard-Aton :

« In nomine Domini ego Bernardus Nemanfen-
« sium, etc.,

« Damus tibi ROSTAGNO DE PORKERIS cum filia
« nostra ERMESSINDI CASTRUM MARGARITAS, etc. »

Nous remarquons que ROSTAING DE PORQUIERES
n'est plus qualifié de seigneur d'USEZ ET DE POR-
QUIERES.

1305.

« Clément V en partant de Montpellier séjourna
« à Sauffan, dans le diocèse de Maguelonne, où
« il était le 13 octobre. Il fut reçu à VAUVERT
« (Porquieres) dans le diocèse de Nismes le mer-
« credi après la S. Luc, 20 octobre.

1418.

« Le héraut de Berri donne le nom de *Jean* au
« *seigneur de la Roche et de Vauvert,* qui fut officié
« par le Dauphin en 1418, à l'archevêché de
« Reims, pour le gouvernement du Languedoc.
« Nous ne trouvons dans aucun monument que
« ce seigneur qui était dans la maison de Lévis,
« se soit qualifié lieutenant du Dauphin en Lan-
« guedoc ; et nous avons lieu de douter qu'il
« s'appelât Jean : car c'était alors Philippe de
« Lévis qui était seigneur de la Roche, et Antoine,
« son fils, se qualifiait en même temps : SEIGNEUR
« DE VAUVERT DE PORKERIS DE LA ROCHE. »

NOTA. — En 1722 (voir page 167) nous trouverons dans les Archives de Mouleydier (Dordogne) : Messire Mathieu Pourquery de la Roche.

1436.

« Par d'autres lettres données à Loches, le
« 25 mars, le Roi prorogea au jour de *Quasimodo*
« l'assemblée des États-Généraux de Languedoc,
« qu'il avait indiquée à Vienne en Dauphiné pour
« le 20 de mars, et à laquelle il devait se trouver
« en personne. Il appela entr'autres, parmi ceux
« de la sénéchaussée de Beaucaire, les évêques
« de Viviers et du Puy, les seigneurs Montlaur,
« Croussol, DE LA ROCHE, VAUVERT DE PORQUIERES. »

C'est vers cette époque que les seigneurs DE PORQUERES ET D'USEZ disparaissent à tout jamais de la Provence.

Dès l'an 1206, le clergé était on ne peut plus adonné à la débauche et au libertinage.

L'hérésie fit d'autant plus de progrès dans la Provence et le Languedoc que le clergé y méritait plus la critique. Mais, d'une autre part, la Provence et le Languedoc, qui, ainsi que la Catalogne et les pays environnants, relevaient du roy d'Aragon, étaient habités par une race d'hommes industrieux, spirituels, adonnés au commerce et aux arts, et même à la poésie. La multiplicité des villes commerçantes, les libertés républicaines dont elles jouissaient, enfin le voisinage de l'Italie, tout avait contribué à hâter le développement de la civilisation en ce riche pays.

Aussi, nombreux seigneurs, véritablement nobles et intelligents, n'hésitèrent pas à renier *l'Église,* parce qu'elle s'était écartée de son but. Ils voulaient ramener *Rome* à la simplicité toute *populaire,* à la discipline toute républicaine du christianisme, et effacer la mémoire de Grégoire VII, pape, dont le souvenir rappelait l'ambition et l'hypocrisie poussées au plus haut degré et qui mourut entre les bras de sa concubine, la princesse Mathilde, le 25 mai 1085, après dix-huit années de règne malheureux et désastreux pour le monde chrétien (de 1198 à 1216).

Les seigneurs voulaient faire oublier cet Innocent III, qui fit prêcher la quatrième croisade contre les Sarrazins, ainsi que la croisade contre les Albigeois, et qui nomma les premiers *Inquisiteurs !*

En ce temps-là, vers 1206, il se trouva un Simon de Montfort, qui fut un triste personnage dans cet abominable épisode de notre histoire qui fit et vit croiser chrétiens contre chrétiens, français contre français, et donner raison aux plus sauvages, aux moins intelligents, au nom *du Christ.*

La Commune de 1870 ne dépassait que l'enceinte fortifiée de notre capitale. Les atrocités de Simon de Monfort, la guerre contre les Albigeois, s'étendaient des Pyrénées, en-deçà et au-delà, jusqu'à la belle et florissante Garonne.

« *Tuez-les tous,* avait dit Amalric, légat du

pape, *le Seigneur connaîtra bien ceux qui sont à lui !* »

Soixante mille hommes, tant catholiques qu'Albigeois, périrent !...

On fit brûler vifs quatre cents chevaliers ou bourgeois.

Pendant ces massacres, les prêtres et les Mainades, ainsi que les croisés, chantaient le *Veni Creator !*

La guerre et la Commune des années 1870-71 doivent nous paraître bien douces !

Ainsi disparurent les grands et puissants seigneurs d'Usez et de Porquieres, qui eurent pour épitaphe : « Ainsi faitement se vengea Dame-Dieu « d'eux, pour leur orgueil et la mauvaise foie « qu'ils avaient porté *aux Ménadès* et les horribles « péchés qu'ils avaient faits en le diocèse. »

(Villehardouin, chroniqueur,
Bibliothèque nationale.)

Les seigneurs d'Usez et de Porquieres, chassés de leurs domaines, pouvaient jeter à la mémoire de Simon de Montfort et à la face du seigneur Vauvert ce passage qu'Edgard jette à Asthon : (1)

> « Souviens-toi qu'en ce domaine,
> « D'où me chasse encor ta haine,
> « En seigneur j'ai commandé.
> « Le blason de ta famille
> « Sur le mien s'étale et brille ;
> « Mais mon droit n'a point cédé. »

(1) *Lucie de Lammermoor,* 3e partie, scène IIIe.

Plus tard, en 1372, un Jean de Montfort devait faire alliance avec Edouard III d'Angleterre, malgré le serment qu'il avait prêté à Charles V, son roi, et porter sur la France les plus grands malheurs!

X^e ET XIe SIÈCLES.

L'origine des anciens seigneurs Porqueris en l'Ile-de-France (Aisne, Oise, Seine-et-Marne, Seine et Seine-et-Oise) est la même que celle des Porqueriis de l'ancienne Septimanie.

Nous pouvons croire que, vers le XIe siècle, les Porqueriis quittèrent le comté de Provence, les uns pour se diriger vers la Catalogne, l'Aragon ou la Navarre, les autres vers le comté de Toulouse, le duché de Guyenne, le comté de Blois, le comté de Champagne, le duché de Lorraine, etc. Comme aussi nous pouvons supposer que ces *vieux seigneurs gaulois* existaient dans toutes les Gaules. Nous disons toutes les Gaules, parce qu'il existait encore *trois Gaules :* la rude Gaule du nord, la douce Gaule du centre et l'aimable Gaule du midi.

Aux Xe et XIe siècles, le domaine des Porqueris, en l'Ile-de-France, formait une seigneurie qui appartenait aux seigneurs Porqueris ; au XIIe siècle, aux seigneurs Porguericourt, Porqueril-cort ; au XVIe siècle, aux seigneurs Popellicourt, etc. (Porqueri-vum-Curtis).

Le domaine de Porqueri-court se trouve, depuis 1790, faire partie du département de l'Oise. Cette commune faisait autrefois partie du bailliage de l'élection de Noyon et de l'intendance de Soissons. Elle appartint, en 1790, au canton de Ribecourt et fut réunie à celui de Noyon l'an x.

Le modeste village de Porquericourt (Porqueri-vum-Curtis), qui rappelle tant de souvenirs de luttes, est situé aux pieds d'une charmante colline qui s'étend vers la route de Noyon à Roye. Sa vieille croix en pierre du cimetière, ses monuments mégalithiques, entre lesquels on distingue un vieux reste gaulois surnommé *la pierre quin-pierre*, ayant six à sept mètres en tous sens ; un gros hêtre, arbre favori des Gaulois, parce que, ainsi que le chêne, il a la propriété, jusqu'à nos jours inconnue, d'attirer la foudre, est implanté dans une vaste fissure, et partage le monolithe en cinq fragments, d'où lui vient, dit la tradition locale, le nom *quinpierre*. D'aucuns assurent qu'on disait autrefois *qué-pierre !* pour quelle pierre ! à cause de l'énormité et des proportions de ce monument celtique.

La modeste commune compte environ 360 habitants et a l'heureux privilège d'avoir pour maire, depuis plus de trente années, M. Charlet, duquel j'ai la bonne fortune de tenir ces renseignements, ainsi que tous ceux ci-après concernant les seigneurs Porqueris.

Il serait trop long et trop difficile de suivre les Porqueris de l'Ile-de-France de 1096 à 1270, c'est-à-dire durant les huit croisades auxquelles ils participèrent vaillamment, au point même de disparaître presque complètement.

. La Bibliothèque nationale possède à ce sujet des documents trop volumineux pour être reproduits dans ce petit historique.

Après la mort de Louis IX (25 août 1270), ce bon roi digne de louanges et dont le souvenir a bien longtemps protégé ses descendants, peu dignes en général, la France féodale entra en décadence. Pendant la Guerre de Cent ans, de 1337 à 1437, à diverses reprises, elle se vit à deux doigts de sa perte, parce que maintes fois les grands vassaux firent malheureusement cause commune avec l'ennemi, et ne fut victorieuse que lorsque le *Peuple* parut sur la scène personnifié *par l'héroïque Jeanne d'Arc.* Les famines, les maladies, les mauvais gouvernements, les guerres de religions, etc..., font qu'il est très difficile de suivre les seigneurs Porqueris durant ces périodes pendant lesquelles Anglais, Navarrais et grands vassaux détruisaient partout où ils passaient les armoriaux et archives, d'autant plus que ces armoriaux ou archives avaient plus d'importance et que les seigneurs français restés fidèles à leur pays tenaient tête à l'invasion. On s'acharnait de préférence contre la *Noblesse* en détruisant les châteaux, les églises, seuls dépositaires des Titres Armoriaux. De Paris à Bordeaux rien ou presque rien ne fut conservé : le chaumé même fut brûlé !

De nos jours, nous ne trouvons plus de monuments architecturaux du XIIᵉ siècle et de titres de famille.

1235.

Le domaine de Porqueri-court formait une seigneurie qui paraît avoir appartenu d'abord aux seigneurs Porqueri-court. Hugues de Porqueri-court, chevalier, fut seigneur du lieu ; il épousa Béatrice, fille de Renaud III de Coucy, en 1235.

Hugues approuva la vente que fit à l'abbaye d'Ourscamp, Simon de Vauchelle, écuyer, son homme-lige, d'un bois nommé La Couarde, près de Fay, et situé devant les loges d'Oresmeaux.

Les habitants de Porqueri-court donnèrent leur consentement à cette vente. L'acte était revêtu du sceau de Hugues de Porqueri-court.

SCEAU DE HUGUES DE PORQUERI-COURT.

Armes : d'azur à cinq pals de losanges d'or posés : 3, 4, 2 et 3, et surmonté d'un Lambel de même à cinq pendants.

NOTA. — Nous savons que le Pal dans les armoiries était originairement une marque de juridiction féodale et que le Lambel est une espèce de brisure, la plus noble de toutes. Elle se place le long du chef de l'Ecu. Quand il y a plus de trois pendants, il faut en spécifier le nombre.

Le Lambel distingue les cadets des aînés.

Les Porqueris ne pouvaient porter, comme premiers Proquaereres de Charlemagne, que des Pals de losanges sur leurs Ecus et le surmonter d'un Lambel en qualité de vieux seigneurs gaulois ou *premiers seigneurs Francs.* Aussi au XIe siècle, alors que commencèrent les armoiries, que les uns s'appropriaient les divers symboles qu'ils avaient eus précédemment dans les divers commandements, que les autres s'en formaient selon qu'elles convenaient à leurs précédents exploits ou aux terres qu'ils possédaient, ou aux noms et même aux sobriquets qu'ils portaient, les Porqueris du domaine royal, comme les Porqueriis de l'ancienne Septimanie conservèrent le Lambel d'or ; en France comme en Espagne.

La commune de Porqueri-court malgré les invasions, les guerres et les révolutions, a conservé sur son Liston d'Ecu : *Porqueri - vum - curtis.*

Plus haut et principalement à la page 52 nous avons pu voir la signification du mot Porqueri, comme celle de Curtis (page 29). Quant à la préposition *vum*, elle semble nous venir des Cimbres lorsque l'Asie vomit sur l'Europe des hordes de peuples barbares qui cherchaient de nouvelles terres pour s'y établir. Le gros de l'émigration passa le Rhin et se fixa au nord et à l'ouest de la Gaule (680 avant notre ère). Vers l'an 114 avant notre ère, la Gaule fut débordée par les Cimbres avec le concours des Ambrons et des Teutons, qui battirent plusieurs généraux romains et furent battus près de Verceil (Italie), puis sur les bords de l'Arc, près d'Aix, en Provence, par les Romains sous le commandement de Marius (101 avant notre ère), (p. 67).

Il est un fait constant, c'est que ces envahisseurs de plusieurs siècles devaient laisser quelques traces ; or, rien d'étonnant de retrouver leur *vum* dans le Danemark ou dans le nord-est de l'Europe employé pour notre préposition *de*. En Angleterre, par corruption, nous trouverons *whom* et en Allemagne *von* pour *de, du*.

Nous pouvons, croyons-nous, sans trop nous écarter, traduire le Liston d'Ecu de la commune de Porqueri-Court :

Porqueri-vum-Curtis par : Domaine de Porqueri ou maison de justice de Porqueri.

1235.

« Guy de Porqueri-Court, fils de Hugues, « comme seigneur du fief, consentit à la vente « faite à l'abbaye d'Ourscamp de deux prés situés « à Appilly.

« La seigneurie de Porqueri-Court aurait en- « suite appartenu aux membres de la famille « Roguée qui furent seigneurs de ville.

« François de la Viefville, chevalier, seigneur

11

« du fief de la Viefville est dit seigneur de Por-
« queri-Court. »

Dans l'église de Porqueri-Court, on voyait en
1851, dans une niche à gauche, le tombeau de
François de la Viefville, ancien seigneur. Il est
représenté plus grand que nature, couché, armé
en chevalier, tête nue, cheveux épars, avec un
casque et un chien à ses pieds.

Aujourd'hui, ce monument est dans un local de
la mairie de Porqueri-Court, destiné à la pompe
à incendie...

De l'avis de M. le maire Charlet, il mériterait
un meilleur sort (1).

Ce style de statue funéraire n'appartenait au
XIIIe siècle qu'aux rois ou aux très grands seigneurs. Les tombeaux de Philippe-le-Bel, d'Isa-
belle d'Aragon, de Charles d'Anjou, roi de Sicile,
etc., etc., sont de même sculptés dans la basilique
de Saint-Denis, au musée de Versailles et en
l'Eglise de Josselin pour Olivier de Clisson.

1358.

En l'an 1358, le domaine de Porqueri-Court, la
bonne abbaye d'Ourscamp, etc, furent complète-
ments détruits par les Anglais et les Navarrais
« Dont se fut grand domage et moult en déplut
« aux capitaines de Mauconseil, quand ils le
« surent. » (Froissart).

» Tout allait bien mal dans ce pauvre pays de

(1) Lettre de M. Charlet, maire de la commune, 1884.

« France, désolé par trois fléaux : la guerre, la
« peste et le mauvais gouvernement.

« Rien n'était changé depuis la fatale année
« 1337 ?... » (H. Martin).

1460.

« 7 février. Jean d'Audigné III du nom, écuyer,
« seigneur du bois de La Court, avait été accordé
« le 7 février de l'an 1460 avec demoiselle Béa-
« trice de Vangeau, fille aînée de Jean de Van-
« geau, écuyer, seigneur DE VANGEAU DE LA POUR-
« QUERAIE, dans la paroisse de Chaze, etc..., Et de
« demoiselle Tomine de Jonchères. Cette alliance
« apporta de grands biens à Jean d'Audigné. »

(Bibliothèque nationale).

1485.

Pierre Lemaire, chevalier, seigneur DE VAU-
CHELLES ET DE PORQUERI-COURT, lieutenant du
bailli de Noyon, fit construire l'hôtel de ville qui
ne fut achevé qu'en 1513.

(Arch. du département de l'Oise).

1515.

Dans l'inventaire des biens appartenant à
Charles d'Ailly, vidame d'Amiens, baron de
Rayneval, dressé au mois d'août 1515, on voit que
Jehan de Rayneval possédait les terres de Porqueri-Court, Vauchelles, Genvry et Condum qui
échurent à Agnès de Heilly, femme du seigneur
d'Ucy. Un fief séant à Porqueri-Court relevait de
Jehan de Mailly, seigneur de Rayneval, auquel le
vidame d'Amiens en fit relief.

Jean d'Ailly obtint par lettres royales contre

les héritiers d'Agnès de Heilly pour les mêmes
lettres.   (Arch. du département de l'Oise).

1520.

La SEIGNEURIE DE PORQUERI-COURT passe à une
branche de la maison d'Aboval qui prenait nom
de Maucourt (voir en 1610).

1520.

Le célèbre xvi⁰ siècle fut celui de François Iᵉʳ
dit « Le Père des lettres », comme on le croit généralement.

Durant ce siècle la langue française subit d'im-
portantes modifications dues aux nombreuses
guerres qui malheureusement devaient, après
plusieurs siècles de paix, faire combattre presque
corps à corps : Italiens, Espagnols, Portugais avec
Français, tous fils et frères !... Et faire renaître
haines de familles, haines terribles ! qui existent
encore de nos jours !

Des expéditions de François Iᵉʳ, par trop avan-
tureuses, les Français, que l'on qualifiait alors de
Françios (petit Français), rapportèrent et intro-
duisirent dans notre langue une foule de termes
ou mots qui n'eurent qu'une durée éphémère ainsi
que ceux des Romains et des Francs.

Nous n'en voulons d'autre exemple que le qualificatif, devenu nom propre, qui fait le sujet de
ce travail.

Au xᵉ siècle les Troubadours paraissent, au
xiiᵉ siècle ils brillent avec éclat. Les plus distingués, originaires du Périgord et du Limousin,
prononçaient et écrivaient :

Va Porquere ou Va Porqueri,
Va Proquere ou Va Proqueri,
Va Perquere ou Va Perqueri,
Va Parquere ou Va Parqueri.

Vers le XVIᵉ siècle les prépositions *Por, Pro, Per, Par* (dans le but de) se changèrent en *Pour* et alors on dit ou mieux encore on écrivit :

Va Pourquere ou Va Pourquerii,
Va Pourqueyre ou Va Pourqueyry.

La lettre *y* ne fut en usage en France qu'au XVᵉ siècle. Cette lettre, comme nous le savons, tient la place de deux I (i i).

Avant l'invention de l'imprimerie les copistes s'habituèrent à allonger le second *i* et firent un *j*. De cette façon on obtint le double caractère *ij* qui est notre *y* que l'imprimerie adopta.

Des Pyrénées à la Seine ; de la Marne au Rhin ; du Rhône à la Méditerranée on prononce ainsi que les Troubadours des Xᵉ, XIᵉ, XIIᵉ et XIIIᵉ siècles, mais on écrit ainsi que les pédagogues des XVᵉ au XIXᵉ siècles.

Dans les vieilles procédures, comme dans les actes actuels, on trouve très fréquemment Porquérir ou Pourquérir.

D'après Bécherelle : « Pourquerir est un verbe « actif : — Poursuivre , chercher avec charge « d'amener quelqu'un ou quelque chose. Il est « mieux d'écrire : *Pourquerir* sans accent. —

« Pourquis, Pourquise est le participe du verbe
« Pourquerir. Ces mots sont vieux et inusités si
« ce n'est comme noms propres. Il en est de même
« du verbe querir, queri, queris, etc... »

Durant le xvɪᵉ siècle, la prose ainsi que la poésie
n'employèrent plus que la préposition *Pour,* dans
le but de :
Alors les Porqueres, Porqueriis, Porqueyrys,
devinrent en France Pourqueres, Pourqueris,
Pourqueyrys, selon l'érudition des clercs et leurs
accents.
1525.
« Le 7 mars, la nouvelle de la déroute de Pavie
« et de la captivité du Roy était arrivée à Paris.
« Le Maréchal de Saluce fut chargé de rap-
« peler sous les drapeaux les soldats de l'armée
« battue en leur offrant de payer les arrérages de
« leur solde.
« L'argent manquait !
« Les exigences de Charles-Quint retardèrent
« la délivrance de François, auquel la captivité
« devint aussi insupportable que l'idée d'abdiquer
« en faveur de son fils.
« Le traité de Madrid fut signé le 14 juin 1525
« et François Iᵉʳ achetait cher la liberté !
« Le clergé et la noblesse s'offrirent pour donner
« 1 million trois cent mille écus d'or (1,300,000) à
« compte des 2 millions, sous condition que le Roy
« s'emploierait à protéger le Pape et permettrait
« d'exterminer l'hérésie luthérienne.

« Le clergé oublia ses engagements.

« La noblesse tint ses promesses.

« Louise de Savoie et son rusé chancelier, vou-
« lant imiter Louis XI qui affermissait son trône
« un jour aux dépens de la noblesse avec l'aide de
« la bourgeoisie, le lendemain contre le clergé,
« avec l'aide de la noblesse, faisaient promesses de
« titres à ceux qui viendraient en aide *Pour*
« *queyrir le Roy*. »

Cette expression *Pourquérir* s'est maintenue
jusqu'au siècle de Louis XIV. On avait bien garde
de dire : aller pour chercher. On disait aller pour
quérir.

« Le nombre des faveurs et titres accordés fut
« presque dérisoire. Les grades seuls, dans l'ar-
« mée, furent donnés, augmentés même et la dé-
« nomination de *Pour queyri Le Roy* ne fut-elle
« que de courte durée, et donnée qu'à quelques
« privilégiés, contrairement aux promesses fai-
« tes. »

(B^{me} de l'Hôtel-de-Ville de Paris).

Rien de surprenant en se rappelant ce que
c'était que d'avoir le *Pour* aux XVIe et XVIIe siècles
jusqu'à Louis XIV :

« Le *Pour* n'était accordé qu'aux *Princes du*
« *sang,* aux *Princes légitimés,* à quelques seigneurs
« qui tenaient rang de princes en France et aux
« ambassadeurs.

« L'origine de ce mot d'avoir le *Pour* vient de
« ce que lorsque la cour marche....... » etc., etc...
(Etat de la France, Maison du Roy, MDCCXLIX.)

1531.

A la mort de Louise de Savoie en 1531, on trouva dans ses coffres 1,500,000 écus d'or qui avaient causé la ruine de l'Armée d'Italie et la perte du brave et honnête Sembleçai.

La mort de Louise de Savoie et l'astuce du vieux chancelier Duprat rendirent tous les sacrifices dérisoires !

Et cependant, un moment, nobles et bourgeois étaient tous désireux, malgré nombreuses privations, de venir en aide au royaume, de donner leur argent et leurs enfants « *Pour queyrir le Roy de France, nostre souverain seigneur des mains des Espaygnolz.* »

A l'occasion de la déroute de Pavie, de la prise de François Ier, de l'argent versé, des titres promis, des grades conférés, etc, etc, il fut fait cinq à six chansons. La plus connue et la plus satirique est celle faite à propos de François Ier prisonnier à Pavie.

On y lit le passage suivant :

« Courrier qui porte lettre,
« Retourne-t-en à Paris
« Et va dire à ma mère,
« Va dire à Montmorency
« Qu'on fasse battre monnaye
« Aux quatre coins de Paris.
« S'il n'y a de l'or en France,
« Qu'on en prenne à Saint-Denis.

« Que le Dauphin on amène (1)
« Et mon petit-fils Henri (2)
« Et mon cousin de Guise (3).
« Qu'il vienne ici *Pour query* (4).

1531.

L'établissement du Collège de France remonte
à 1530 ou 1531. François Ier, conseillé par Guillaume Budé, Jean de Bellay, Guillaume Petit,
Mathieu Pourqueyry, Jean Lascaris, etc., s'en
était occupé ; mais la guerre porta ailleurs les
pensées du roi, et le projet ne fut repris qu'après
le traité de Cambrai.

(Bibliothèque de l'Hôtel-de-Ville de Paris.)

1567.

Jean de Wasservas eut pour père et mère Gode-
froi de Wasservas, écuyer, seigneur de Marche
de Choülette et de Vieil-Mesnil, major de la ville
de Namur depuis 1567 jusqu'en 1570, et Dorothée
Pourquiere, laquelle était veuve en 1589.

Armes : d'azur à trois pots ou aiguières d'or
            posés 2 et 1.

(Bibliothèque de l'Hôtel-de-Ville de Paris.)

1597.

Le maréchal de Bassompierre, âgé de dix-sept

---

(1) François de France, mort en 1536.
(2) Henry, duc d'Orléans, depuis, le roi Henri II.
(3) Claude de Laurraine, premier duc de Guyse.
(4) La collection manuscrite donne : « qu'il vienne ici *Pour
query* et la reproduction imprimée : qu'il vienne ici *Me
requery*.

(Bibliothèque nationale.)

ans, était accompagné, durant son voyage en Italie, de Bernardo de la Girandolle, de JEAN-J. POURQUEYRY et autres seigneurs de cour.

(Bibliothèque de l'Hôtel-de-Ville de Paris.)

1598.

Édit de Nantes accordé par Henri IV aux protestants pour leur assurer la liberté de conscience. Cet édit intéresse au plus haut degré les Porqueres, Porqueris, Pourqueyrys, ainsi que nous le verrons plus loin.

1610.

Claude d'Aboval de Maucourt est dit seigneur PORQUERI-COURT ET DE VAUCHELLES.

Armes : d'azur, à deux bras d'argent adossés.

Il mourut vers l'an 1610, laissant la seigneurie à Louise, sa fille, qui l'apporta en dot à Rolland de Braillon, seigneur de Longavesne et de Maucourt.

(Arch. de Porqueri-court, Oise.)

1620.

Le chevalier POURQUEYRY, seigneur de la Roche, dame Pourqueyry et leurs deux enfants, Pierre et Mathieu, de Périgueux (Dordogne), gouvernement de Guyenne, généralité de Bordeaux, s'embarquent à bord du *Saint-François* pour se rendre à Québec, dans le Canada, avec grandes recommandations de Colbert près Samuel Champlain, fondateur de Québec.

(Bibliothèque de Bordeaux.)

En 1877, la famille POURQUERIS, de Floirac (Gironde), reçut avis du décès d'un monsieur POURQUERIS ou POURQUEYRY, Pierre, décédé en

1875, dans l'Amérique du Nord, avec invitation de faire les démarches pour ce que de droit. Avis en fut donné officiellement par le journal *La Gironde* et officieusement par gens d'affaires. Nous ignorons si les messieurs Pourqueris de Bordeaux et de Floirac (Gironde) ont donné suite.

1633.

M. Pourqueyry (Jean), officier dans l'armée royale, est blessé pendant les opérations contre l'Allemagne.

(Bibliothèque de Metz.)

1646.

M. Pourqueyry (Pierre), jeune officier dans l'armée royale, combat dans le Piémont :

1658.

Se distingue à la prise d'Alexandrie et de Mortara ;

1664.

Prend part à l'expédition d'Afrique, sous le duc de Beaufort, rentre en France avec l'armée, pour cause de maladies qui sévissaient sur toutes les troupes.

(Bibliothèque de Rouen.)

1672.

René-Charles Imbaut, seigneur de Marini, commissaire ordinaire de l'artillerie de France, par lettre du 18 août 1682, chevalier de l'Ordre militaire de Saint-Louis, était issu de Olivier Imbaut, écuyer, seigneur DE LA POURQUERAÏ et DE PLOURHAN, en Bretagne, et de Madeleine Février, sa femme.

Armes : de gueules à cinq cotices d'argent.

(Armorial général.)

1673.

Demoiselle Charlotte du Bourg, fille de noble homme Joachim du Bourg, sieur DE PORCHERISSE, et de demoiselle Marie Berthus, sa femme.

(Armorial général.)

1685.

2 octobre! Louis XIV, en dépit de ses serments, révoque comme non avenus tous les édits de tolérance.

Il ordonne la démolition de tous les temples. Il exile sous peine de galères, tous les ministres qui ne se convertiraient pas, et il ne leur donne que quinze jours pour *vider* le royaume. Tous les enfants des écoles réformées devaient être baptisés et élevés dans l'Eglise romaine sous peine d'être considérés incapables d'hériter de leurs pères. Alors le clergé catholique livra à une soldatesque brutale une population sans défense ; on mit les hommes à la torture, on outragea les femmes, on enleva les enfants, on dévasta les propriétés, on envoya aux galères les convertis qui refusaient les sacrements, etc... Les atrocités de Simon de Montfort au XIIIe siècle étaient dépassées !

Les réformés s'enfuirent ; on évalue à plus de 300,000 les Huguenots qui émigrèrent. Ils allèrent porter à l'étranger, qui leur tendait les bras, leur travail et leur or. Et de ce coup, l'industrie française, dans plusieurs branches jusqu'alors sans rivales, se créa en Hollande, en Angleterre, en Allemagne et plus loin encore, de redoutables concurrences dont nous supportons encore aujourd'hui les fâcheuses conséquences.

Cette intrigue du clergé eut pour appui la Maintenon, dont la funeste influence servait d'instrument aux Jésuites, et le funeste Letellier, âgé de 83 ans, qui, avant de mourir demanda au Roi la consolation de signer un édit portant révocation de celui de Nantes !

Louis XIV terminait ainsi malheureusement, au milieu des revers et de la ruine de son pays, une carrière si brillante !...

Quoiqu'on puisse dire, cette horrible révocation de l'édit de Nantes marque le règne du Roi-soleil d'une tache à jamais ineffaçable. Le grand électeur de Prusse, Frédéric Guillaume, avec autant d'habileté que de générosité, ouvrit aux protestants, chassés de France, l'accès de ses Etats. Ce fut le plus beau des documents qu'un Hohenzollern ait signé !

13,000 Huguenots s'établirent en Brandenbourg ou Brandebourg, et sur ce nombre six à sept mille dans Berlin même dont ils transformèrent la physionomie de tout en tout.

Les Français qui furent ainsi chassés appartenaient à la meilleure sorte d'hommes que possédait la France gauloise. Ils donnèrent à l'Allemagne une nouvelle civilisation, des mœurs moins rudes et des hommes de génie par le mélange du sang gaulois.

1685.

10 octobre. PORQUERE D'HARRY et sa famille (1) débarquent à Londres ledit jour et arrivent le 20 dudit mois à Cork (Irlande).

(Archives de Cork.)

1685.

12 octobre. PORQUERI DE CURTIS et sa famille arrivent à Calais (Pas-de-Calais) et s'embarquent pour Folkston.

(Archives de Folkston.)

1685.

M. PORQUEYRY DE LAROCHE . . . . s'embarque à Bordeaux le . . . . pour Port-Natal. . . . .

Les archives de la mairie de Bordeaux ne laissent voir ni mois, ni date, le temps ou l'humidité ayant oblitéré ce document.

1685.

M. POURQUEYRY (Jean), dit seigneur de Saint-Cybard, se rend à Bayonne et de là à Pampelune où il arrive le 25 octobre.

(Archives de Pampelune.)

1685.

M. POURQUEYRIE (François), écuyer, débarque à Palma, le 2 novembre.

(Archives Iles Baléares.)

NOTA.—Nous retrouverons ces familles ou leurs

(1) Cette famille doit être originaire des pays basques. Le mot *Harry*, en basque, signifie *Pierre*.

descendants, sans doute, dans les extraits ci-après :

1687.

28 avril. Mariage de Charles de la Bigotie avec Marie POURQUERY : les deux époux ont signé.

(Archives de Mouleydier, Dordogne.)

1691.

22 février. Baptême de Marthe POURQUERY, fille de Charles POURQUERY, sire de la Bigotie, et de Marie Pourquery, conjoints.

(Archives de Mouleydier, Dordogne.)

NOTA.— Charles de la Bigotie prend, après son union avec Marie Pourquery le titre de : POURQUERY, SIRE DE LA BIGOTIE, ainsi que cela se pratiquait parfois dans la vieille noblesse où les seigneurs pauvres prenaient les armoiries des femmes qu'ils épousaient avec les noms des seigneuries dont elles étaient héritières.

1692.

27 septembre. A été baptisé, Jean-François POURQUERY, fils à sieur DE LA BIGOTIE, capitaine, et de damoiselle Marie Pourquery, conjoints.

(Archives de Mouleydier, Dordogne.)

1695.

14 juin. A été ensevelie Jeanne Martin, damoiselle, femme de M. POURQUERY.

(Archives de Mouleydier, Dordogne.)

1695.

19 juin. A été baptisé, Mathieu-François POURQUERY, fils de Charles, sieur de la Bigotie et de

Marie Pourquery, conjoints : parrain, Mathieu
Pourquery, sieur de la Bernardie.

(Archives de Mouleydier, Dordogne.)

1696.

18 août. Baptême de Charles de Pourquery, fils
à Jean Pourquery et à damoiselle Marie de Pourquery, présenté par Jean Raynal, *faisant pour le
sieur Charles de Pourquery,* prieur de Couze.

(Ce *de Pourquery* a signé : *Pourquery, prieur de
Couze).*

(Archives de Mouleydier, Dordogne.)

1701.

14 avril. Baptême de Marguerite Pourquery,
fille du sieur Pierre Pourquery et de damoiselle
Marie Pourquery, conjoints : parrain, François-
Élie de Chillau, et marraine damoiselle Marguerite Pourquery.

(Archives de Mouleydier, Dordogne.)

1707.

19 juin. A été enrôlée dans la confrérie damoiselle Françoise de Pourquéri, de Saint-Cassien,
près Montpazier (Dordogne).

« Pour demander à Dieu les grâces qui lui sont
« nécessaires pour vivre et mourir dans *son amour.*
« Elle a demandé la même grâce pour : Damoi-
« selle Marie de Pourquéri, sa sœur, et damoiselle
« Catherine de Pourquéri, sa tante.

« En foy de quoy elle a signé : Françoise de
« Pourquéri, de Saint-Cassien. »

(*Guide du Pèlerin,* par Mlle Anaïs de
Beauregard, p. 391.)

1711.

20 avril. A été enseveli sieur Jean POURQUERY, dans l'église de Saint-Cybard de Mouleydier.

(Archives de Mouleydier, Dordogne.)

1717.

15 avril. Mariage de Jean Valeton, seigneur de Carrieu, paroisse de Liorac, habitant la noble maison de Carrieu, et de noble damoiselle Marthe DE POURQUERI de la Bigotie, habitant la paroisse de Mouleydier, en présence de Messire Charles Pourqueri, seigneur de la Bigotie, Saint-Cybard et autres lieux, secrétaire du Roy ; Messire Léon de Losse, seigneur de Bayac ; Charles de Losse ; de Pourqueri, de la Bernardie, habitant la paroisse de Bayac, qui ont signé.

(Archives de Mouleydier, Dordogne.)

1722.

31 mai. Baptême de Marie Geoffre. Parrain : M. Mathieu POURQUERY de la Roche : marraine : Marie DE LA ROCHE DE POURQUERY. Signé : *Laroche de la Bigotie* et Marie *De Laroche de la Bigotie*.

(Archives de Mouleydier, Dordogne).

1728.

28 avril. Baptême de Pierre POURQUERY , *fils naturel* de M. Mathieu POURQUERY, sieur DE LA ROCHE, et de Marie Gay.

(Archives de Mouleydier, Dordogne.)

NOTA. — Nous avons sous la main un *Armorial de l'Angoumois,* de 1649 à 1792, par Paul Legrand,

curé de Pranzac. Dans cet Armorial, les naissances
y sont libellées comme ci-dessus.

D'autre part, d'après notre législation actuelle,
nous trouvons que le fils naturel reconnu de l'un
des membres de la famille, ainsi que ses descendants, a droit de porter le nom originaire avec
adjonction du nom terrien, alors surtout qu'il a
constamment usé de ce droit, en conformité de
son acte de naissance.

1728.

30 avril. Dans l'église, tombeau de ses ancêtres,
a été ensevelie damoiselle Marie-Marguerite
POURQUERY DE LA ROCHE, 26 ans.

(Archives de Mouleydier, Dordogne.)
1728.

5 décembre. M. POURCHERISSE D'ÉTRABONNE,
était conseiller à la cinquième chambre des en-
quêtes, rue de Tournon, à Paris, jusqu'en 1756.

(Annuaire royal, 1756.)
1730.

16 janvier. Baptême de demoiselle Marthe-Louise
POURQUERY DE LA BIGOTIE, fille de M. Jean POUR-
QUERY DE LA BIGOTIE et de dame Isabeau de Lescure de la Bigotie. Parrain : M. Louis de Lescure ;
marraine : demoiselle Marthe POURQUERY de Carrieu, qui ont signé.

(Archives de Mouleydier, Dordogne.)
1739.

11 janvier. Est né Charles René DE BOUET DE
PORCHERISSE, écuyer.

(Bibliothèque de l'Hôtel-de-Ville de Paris.)

1740.

13 décembre. Bénédiction de la cloche de l'église de Mouleydier (Dordogne). Parrain : messire Charles Daugard; marraine : Jeanne de Carles, dame, épouse de messire LÉON POURQUERY de la Bigotie, syndic fabricien.

(Archives de Mouleydier, Dordogne.)

1744.

4 février. Mariage de Elie Perbot, aux Merles, et Anne POURQUERY, du Maine, commune de Mouleydier.

(Archives de Mouleydier, Dordogne.)

1745.

7 décembre. Baptême de Marthe Landon. Parrain : M. François MATHIEU POURQUERY DE LA BIGOTIE; marraine : demoiselle Marthe POURQUERY DE LA BIGOTIE, qui ont signé.

(Archives de Mouleydier, Dordogne.)

1746.

17 février. Un sieur POURQUERY était curé à Liorac (Dordogne).

1746.

6 mars. Baptême d'Etienne Perbot, fils d'Elie et d'Anne POURQUERY.

(Archives de Mouleydier, Dordogne.)

1747.

17 mars. Mariage accordé par contrat du 17 mars 1747 avec dame Antoinette-Emilie Pschale-Petit-de-Marivats, veuve de messire Jean-Jacques

DE POURCHERISSE, BARON D'ÉTRABONNE, conseiller au parlement de Besançon.

(Archives de Besançon.)

1749.

Baptême de MARIE POURQUERI, fille d'Etienne et de Judith, conjoints habitant au port de Mouleydier.

(Archives de Saint-Germain, Dordogne.)

1750.

La seigneurie de Porqueri-court passe par alliance à un membre de la famille de Richoufftz, d'origine allemande.

Louis-Auguste DE RICHOUFFTZ de Laviefville, fils de Claude-François, seigneur de Porqueri-court et de Vauchelles. Il fut chevalier de Saint-Louis et servit dans le 1er régiment d'artillerie de La Fère comme lieutenant en second, sous Bonaparte. Il fut tué au siège de Maëstricht, en 1793, et fut le dernier seigneur de Porqueri-court.

La famille de Richoufftz portait :

Armes : d'azur, chargé de 3 massacres de cerfs d'or posés 2 et 1, supports : 2 licornes.

(Archives de Porqueri-court, Oise.)

1750.

M. PORQUERAIE DE ROZZAIE, secrétaire du roy à Angers, de 1750 à 1756.

(Annuaire d'Angers, 1756.)

1761.

M. ANTOINE POURQUEYRY, citoyen de Périgueux.

(Archives de Périgueux.)

1775.

MÉMOIRES SUR LA CONSTITUTION POLITIQUE DE LA VILLE DE PÉRIGUEUX *(page 618) :*.

« *Etat des citoyens de Périgueux, tant du second*
« *ordre que des simples nobles citoyens actuel-*
« *lement au service du Roi, ou morts dans les*
« *dernières guerres, ou retirés du service, etc.* . . .
« . . . . »

Après une longue suite de noms, nous lisons à la 631ᵉ page :

CITOYENS DE PÉRIGUEUX RETIRÉS DU SERVICE :

M. DE POURQUEYRY, ancien lieutenant de milice à Périgueux.

(Bibliothèque de Périgueux.)

NOTA. — Nous ignorons la date de naissance *de ce dernier* DE POURQUEYRY ; nous la supposons être en 1730, *étant le père du ci-dessus* ANTOINE POURQUEYRY, *né en 1761.*

1782.

M. JEAN POURQUEYRY, citoyen de Périgueux *(fils de Antoine, 1761),* décédé à Ribérac par suite de blessures reçues pendant les campagnes du premier Empire.

(Archives de Périgueux et de Ribérac.)

1794.

M. Pierre Pourqueyry, citoyen de Périgueux
(fils de Antoine, 1761), tué à la prise d'Alger, 1830.

(Archives de Périgueux.)

1803.

M. Jean Pourquery, citoyen de Périgueux *(fils
de Antoine, 1761),* maître d'hôtel à Périgueux,
décédé en 1864.

(Archives de Périgueux.)

1832.

M. Pierre Pourquery, fils du précédent, médaillé militaire, chevalier de la Légion d'honneur,
capitaine en retraite.

(Archives de Périgueux.)

Nous regrettons bien vivement de ne pouvoir
poursuivre nos notices historiques et biographiques. Nous ne croyons pas avoir ce droit sans
autorisation préalable des familles contempo-
raines, et ne le voulons, dans la crainte de trop
nous éloigner de notre titre :

« HISTOIRE D'UN NOM. »

CONCLUSION

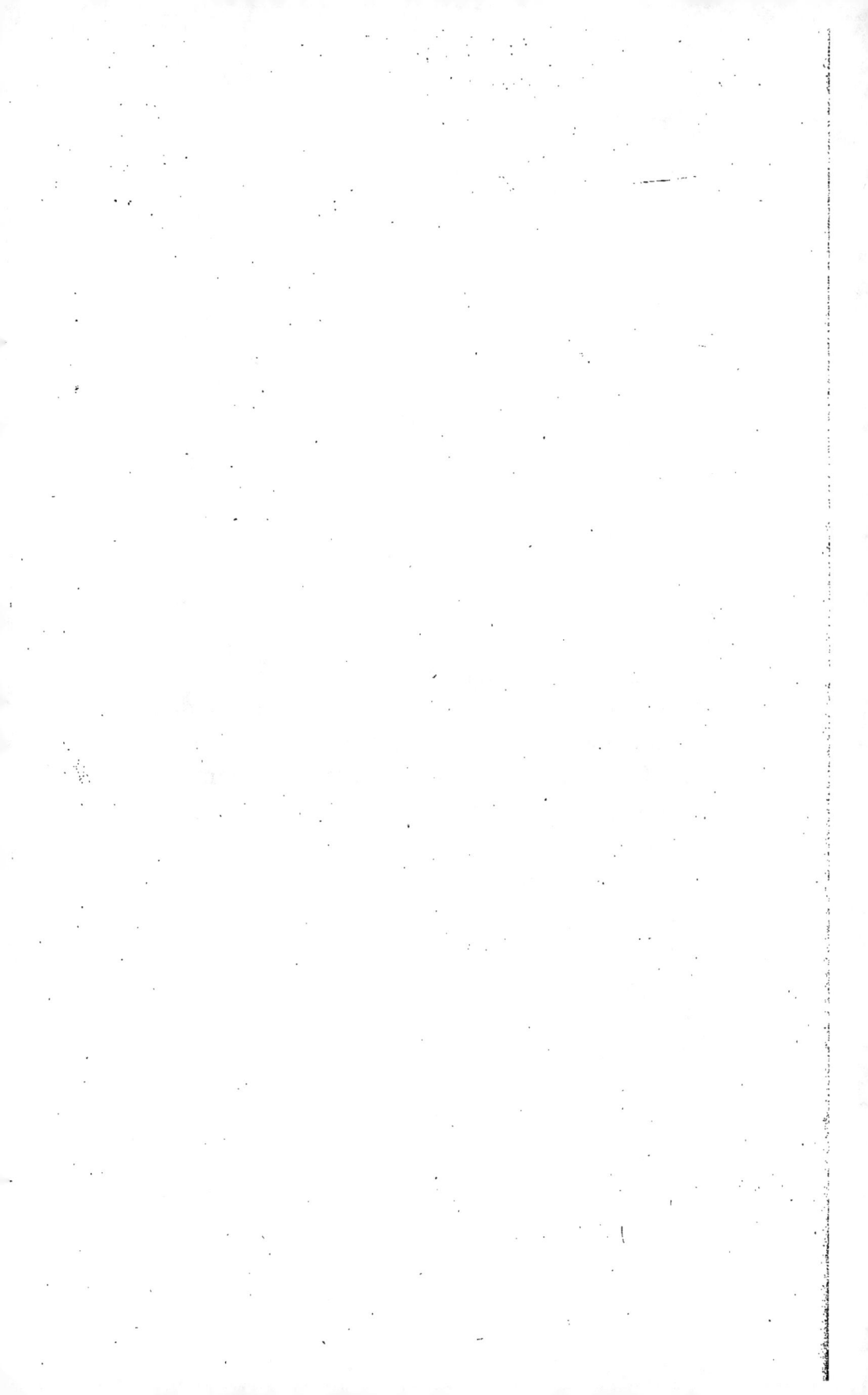

CONCLUSION.

Après 1774, jusqu'à nos jours, la France entre dans une période de rénovation politique et sociale qui est douloureusement traversée par neuf à dix révolutions, trois invasions, et des guerres à ne plus les compter. Cette période de 113 à 114 années n'a guère discontinué dans le monde politique comme dans celui des familles.

Notre nation ne se façonne que lentement à la démocratie. Longtemps encore on cherchera à sortir des rangs, à obtenir des passe-droits, et d'autant plus que l'on sera issu d'une souche dite inférieure.

La Noblesse perd de nos jours officiellement, croyons-nous, ses prérogatives. Néanmoins, la particule produit toujours son effet sur les ambitieux, malgré les abus commis par les trop nombreux roturiers qui commettent tout ce qu'il y a de plus ridicule et de coupable à l'endroit des titres et des appellations nobiliaires, depuis surtout qu'on prétend tout haut que cela ne signifie plus rien.

Les parvenus des campagnes, du commerce et de l'industrie, cherchent plus que jamais à se servir de leur fortune à faire revivre une vieille épave par des unions souvent malheureuses et quelques fois ridicules et, il faut bien le reconnaître d'après les comptes rendus des tribunaux, la vieille et véritable noblesse s'éteint, non dans son beau et primitif manteau d'hermine ainsi que sous ses Armes d'Azur, mais bien chez ses cadets enrichis, jadis conspués par le droit d'aînesse.

Que de sourires en compulsant attentivement les registres des mairies depuis la grande révolution !

Le père fait de son fils, par orgueil, une victime de sa naissance, en lui donnant pompeusement un nom d'emprunt plus ou moins précédé ou suivi d'une particule avec adjonction de la dénomination d'un pré, d'une terre ou d'un ruisseau.

Maintes preuves nous sont acquises par nos recherches,

« Tant la chose en preuves abonde, »

diraitJean de La Fontaine, et mieux encore Charles d'Hozier.

Mais laissons agir l'orgueil : celui du gentilhomme est altier, mais franc ; celui du paysan est insolent, mais naïf ; celui du savant ou de

l'artiste est modeste et vrai ; celui du militaire
est beau, puisqu'il protège son pays, verse son
sang et reste pauvre.

Nous sommes tous plus ou moins possédés de
l'ambition de nous distinguer du voisin par
quelque signe honorifique. Cette frénésie de distinction caractérise le bon peuple français, « La
douce Gaule, » quoique peuple démocrate qui,
coûte que coûte, satisfait à ce penchant qui lui
vient des Gaulois.

Le besoin de distinction et de classement social,
a dit très judicieusement M. Borel d'Hauterive,
est tellement inhérent à la nature humaine qu'il
existe comme celui d'une religion et d'une morale
chez tous les peuples.

Alphonse Karr écrivait jadis : « Une mode
parisienne a été de porter un œillet rouge à la
boutonnière de l'habit ; à dix pas, on faisait croire
qu'on était décoré de la Légion d'honneur, à trois
pas, on faisait voir qu'on était un sot. »

Louis XV venait d'expirer après 59 années de
règne. Il avait préparé la grande Révolution où
devait s'engloutir la vieille noblesse et son trône,
parce que, ainsi que Louis XI, il avait avili les
vieux gentilshommes en s'entourant de nouveaux
anoblis.

Louis XVI signala le commencement de son
règne par des actes qui obtinrent l'approbation
universelle ; mais sa faiblesse l'exposa au mépris
du peuple, ce qui lui attira le mépris des Grands.
Le 10 août 1792 fut le dernier jour de son règne.

La célèbre nuit du 4 août 1789 porta un coup terrible aux prétentions rivales de la noblesse de robe, de la noblesse d'épée et de la noblesse sacerdotale qui se partageaient le pays comme un héritage en y entretenant l'agitation. Elle vit proclamer l'abolition de la féodalité et des privilèges seigneuriaux.

Dans la discussion, le jeune de Montmorency soutint la proposition. Un des plus anciens nobles, de Noailles, avait dit : « Anéantissons ces vains « titres, enfants frivoles de l'orgueil et de la va- « nité. »

Le décret fut adopté séance tenante.

Mais une des circonstances les plus curieuses de cette célèbre séance fut d'y voir la noblesse, les titres et les armoiries défendus par l'abbé Maury, fils d'un paysan ou d'un homme du peuple, contre un Montmorency et un Noailles.

(Bibliothèque nationale.)

« En 1790, dit Thiers, dans son *Histoire de la Ré-* « *volution française,* l'émigration devenait chaque « jour plus considérable, et les routes étaient « couvertes d'une noblesse qui semblait remplir « un devoir sacré en courant prendre les armes « contre sa Patrie. Les femmes même croyaient « devoir attester leur horreur contre la révolution « en abandonnant le sol de la France. Chez une « nation où tout se faisait par entraînement, on « émigrait par vogue, on faisait à peine des adieux « tant on croyait que le voyage serait court et le « retour prochain.

« Suivant ces imprudents émigrés, la Révolu-
« tion française devait être soumise à une courte
« campagne, et le pouvoir absolu refleurir sur la
« France asservie. »

Les familles nobles auraient dû comprendre
qu'elles préparaient par leur fuite, par *l'abandon
de leurs enfants en bas âge,* de leurs biens seigneuriaux confiés à de vieux serviteurs ou amis devenus ambitieux, le décès historique de la Monarchie, que des valets deviendraient des seigneurs
et que les descendants des seigneurs seraient
abandonnés et conspués.

Ces temps sont déjà loin de nous et les colères
légitimes que tous ces événements suscitèrent
sont singulièrement apaisées.

« Le pardon est dû aux morts !... »

Les 10 et 12 mars 1793 il s'organisa, dans le département de la Dordogne, un tribunal révolu-
tionnaire à l'instar de celui de Paris (documents
authentiques). Alors les de Pourqueyrys, de Périgueux, devinrent Pourqueyrys et Pourquerys par
suite d'une tératologie orthographique bien expli-
cable par ces temps si agités ; nous disons tératologie orthographique parce qu'il est d'usage,
dans le Périgord, de prononcer Pourqueyry, et
non Pourquery. Cette prononciation s'est maintenue dans le nord de l'Espagne.

Plus tard, selon que les Pourquerys profitent
des décrets et lois qui reconstituent les titres
nobiliaires, ils renaissent, croyons-nous, avec la
particule et un *y* de moins, ainsi qu'il resssort des

registres de l'état-civil de Périgueux, de Ribérac ou du département de la Dordogne ; de ceux du département du Lot-et-Garonne, de la Gironde, de la Charente, des Deux-Sèvres, etc., etc. ; mais non de la vieille Navarre, de l'Aragon et de la vieille Castille.

A ce sujet, il est très intéressant de compulser dans les annuaires militaires et autres de 1806, 1814, 1816, 1822 à 1869.

Napoléon Ier créa une noblesse qui fut appelée *Noblesse de l'Empire :* « venue du canon, elle s'en alla en fumée. »

La vieille noblesse reparut avec la restauration ; mais elle ne reprit que ses titres, les augmenta même, sans privilège.

Le gouvernement provisoire avait aboli les titres de noblesse par un décret du 29 février 1848 ; ils ont été rétablis par le dernier gouvernement impérial, le 24 janvier 1852. Alors chevaliers, barons, vicomtes, comtes, marquis et ducs s'en donnèrent à cœur joie, et les Princes nous vinrent de l'étranger. Dès lors plus de noblesse de nom et d'armes, plus de noblesse d'épée, plus de noblesse de robe, plus de haute ou grande noblesse plus de basse ou simple noblesse.

Les Annuaires de la Noblesse de France et des Maisons souveraines de l'Europe, publiés par les d'Hozier, par M. Borel d'Hauterive etc., etc., ne font nullement mention des Pourquerys (sauf erreur). Et cependant le recueil nobiliaire de M. Borel d'Hauterive est le seul qui permette de se reconnaître un peu à travers le chaos héraldique de notre époque.

Nous avons vu aux pages 106, 107, quelles en sont les causes probables et que les familles véritablement nobles des campagnes dédaignaient en partie les recherches des Cherrier et des d'Hozier, contrairement à celles qui habitaient les villes ou grands centres.

Mais que les Porqueres, Porqueris ou Pourquerys se consolent de ces lacunes ou oublis ; qu'ils soient fiers de porter comme nom propre un vieux qualificatif qui remonte à la plus haute antiquité ; qui se trouve sur les Ostracas démotiques découverts à Thèbes ; sur les papyrus Egyptiens comme dans les manuscrits du temps de Charlemagne ; dans les vieux livres historiques des provinces françaises et Espagnoles comme dans le livre d'or de notre légion d'honneur.

Qu'ils se souviennent que les vieux Por-Kerès, Por-Keris, nobles Gaulois et Gaulois nobles, servirent de piliers, comme Magistrats, pour maintenir la vieille noblesse gauloise dont les barbares francs s'emparèrent, comme ils s'emparèrent de tout ce qui leur manquait.

Que les PORQUERES, PORQUERIS ou POURQUERYS soient fiers disons-nous d'avoir pour nom ce qualificatif qu'ils trouveront dans les hautes familles de la Scandinavie d'Albion, de la Gaule, de l'Ibérie, et sur tout le littoral de la Mer intérieure ; qu'ils sachent bien que nos recherches dans les archives de Coblentz, pendant nos longs mois de captivité (1870-71) ont été impuissantes à trouver dans de volumineux dossiers dressés par lettres alphabétiques un de Porquere, Porquéri ou Pourquery. Cette faveur exceptionnelle, et de courte durée, nous vint de la *Konigliche commandantur,* par M. le Général-major Wedel Lamothe de Termes, commandant la place de Coblentz, avec lequel une circonstance fortuite de guerre nous mit en relations momentanées. Ce général nous dit descendre des émigrés, de 1685, du Limousin (De Chalus) et avoir dans l'armée française des parents. Un singulier hasard faisait que nous avions eu, étant caporal en 1853 au 17e de ligne, pour chef de bataillon, M. Wedel Lamothe de Termes, qu'il connaissait comme faisant, nous dit-il, partie de sa vieille famille.

De nos jours, nous trouverons non seulement dans les archives de la Guerre, de la Marine, de la Légion d'honneur, les Porqueres, Porqueris et Pourquerys ; nous les trouverons également dans la Magistrature, dans l'Instruction publique, les sciences et le commerce.

Mais ces noms semblent plutôt appartenir aux vrais guerriers qui servent leur pays partout où le dévouement peut être utile.

Nous les trouverons à Valmy, Jemmapes, Fleurus, Mantoue ; en Egypte, à Saint-Domingue, à Austerlitz, Iéna, Pampelune, Waterloo ; en Algérie, en Crimée, en Italie, en Cochinchine, en Chine, au Mexique et enfin en Tunisie et au Tonkin.

Nous les trouverons, disons-nous, là où il y a
plus de coups à recevoir que de grades à con-
quérir ou de récompenses à espérer. Ils sont de
ceux de qui l'on a pu dire, avec raison, que ce
sont toujours les mêmes qui se font tuer.

Si, « tous les peuples ont écrit leur histoire
quand ils ont pu écrire » n'est-il pas vrai que
toutes les familles devraient écrire leur histoire?

En terminant ce travail qui, malheureusement
n'est qu'incomplet, nous nous demandons s'il
peut être taxé de présomptueux ou de prétentieux,
ce que nous ne pouvons croire. Néanmoins, s'il
advenait le contraire, nous rappellerions que nous
l'avons écrit dans un but absolument désintéressé :
que le désir de voir agréer nos sincères remercie-
ments par les personnes qui ont bien voulu nous
prêter leur bienveillant concours dans nos recherches, nous suffira.

TABLE DES MATIÈRES.

Angoulême. — Imp. Roussaud, rue Tison d'Argence, 3.